# 営業は自分の「特別」を売りなさい

辻盛英一

あさ出版

# はじめに

お客さまのところに行っても、シッシと煙たがられる……。

なんとか一度会うことができた。でも、次のアポがまったく取れない……。

そんな日が、数週間、数か月、いや何年も続いている。もう明日がやってくるのが怖くてしかたがない……。


これは、私の「売れる営業になるための研修」に参加してくださった、42歳の保険営業マンの日常です。

彼はもともとお酒が大好きだったのですが、いつのまにか営業に行く恐怖から逃れるため、毎晩、浴びるようにお酒を飲んでしまっていました。

ほかにも私の研修には、「なんとか成果を上げないと……」と、切羽詰まった状態に陥っている方が大勢参加されます。

元プロテニスプレイヤーだった男性は、テニスは得意だけど、人と話すのは大の苦手。お客さまに会っても沈黙が続くため、苦しまぎれにテニスの話をして、さらにまわりが無言となっていく……。

28歳の営業女性は、「受注ゼロ」が6か月も続き、先輩や上司と顔を合わせるのがつらくてたまらなくなり、逃げるように外出をして、映画館に行ったり、マッサージ店に行ったりして時間を潰す毎日……。

あなたはそんなストレスを感じながら、営業の仕事をしてはいないでしょうか?

でも、安心してください。

酒びたりになっていた保険営業マンは、研修後、わずか3か月で月収が100万円、半年も経たないうちに2000万円を達成。

元テニスプレイヤーの男性は、今ではお客さまから「ぜひ、私にも売ってほしい」と言われるようになり、年収4000万円を達成。

28歳の営業女性も、会社で年間トップの営業成績を上げた人に与えられる「MVP」

を受賞し、まるで以前から営業が得意だったような活躍ぶりです。

私の研修では、それまでは「まったく売れない」と言っていた方が、社内で表彰されるくらいの成績を叩きだすまでに変わることが少なくありません。

なぜ、これほどまでに大きな変化が起こるのでしょうか？

それは私が、「特別」を売ることを教えているからです。


**「特別」を売れば、誰でもトップ営業になることができます。**

**しかも、仕事を「楽しみながら」トップ営業になることができるのです。**


実際、私も「特別」を売り始めてから、13年もの間ずっと世界第三位の生命保険会社メットライフ生命で日本のトップであり続けることができました。

「特別」とは、いったい何でしょう？

それは、「お客さまにとっての付加価値」であり、「共感や感動を与えるもの」だと私は考えています。

なんだか、難しく感じるでしょうか?

「特別」は営業マンが100人いれば、100人全員がそれぞれ持っています。

別の言葉で簡単に言うと、「特別」とはあなたの「好きなこと」や「興味のあること」です。

お酒が好きならお酒があなたの「特別」であり、テニスが好きならテニスがあなたの「特別」です。映画やマッサージが好きなら、それらが「特別」になります。

ちなみに私の特別は、「野球」です。

野球チームの助っ人になったり、野球を教えることで、それまで〝誰も契約できない〟と思われていた企業から契約していただいたことも一度や二度ではありません。

私はメットライフ生命のトップ営業だった頃、そして現在も、本業のほかに、ある大学野球部の監督をしています。

1か月のうち25日は野球のグラウンドで選手と過ごすため、営業の仕事をするのはわずか数日。ほかの営業の、おそらく10分の1以下でしょう。

信じられないかもしれませんが、それでも13年間、トップセールスの地位を維持し続けていました。

「えっ、そんなことでいいの？」「それで本当に成績が上がるの？」と疑問に思う方もいるかもしれませんね。

でも、成績は本当に上がります。

事実、私の研修を受けてくださった大勢の方が、その効果を証明してくれています。

そして、営業の仕事の本当の楽しさを知り、誰一人としてこの仕事を辞めることなく続けています。

本書を読んでいただければ、あなたもその効果を実感することでしょう。


そんな私のもとには、「営業の秘訣が知りたい！」「売上を上げたい！」と、営業マン、リーダー、経営者など多くの人がやってきます。

皆、責任感が強く、がむしゃらに努力している。なのに成果が出ない。そのために、悩み苦しんでいる人ばかりです。

前向きな気持ち、努力はもちろん大切ですが、営業は結果を求められる仕事です。

言い方を換えると、結果さえ出せば、働き方が選べる仕事ともいえます。

縁あって、あなたは本書と出会いました。

これからは「あなたが好きなこと」を追求しながら成績を上げていくことができます。本書で紹介する「特別」を使って営業の仕事を極めることで、あなたには想像もつかない変化が起こってくるでしょう。

せっかくついた営業という素晴らしい仕事を、ぜひ誇りに思ってほしい。

そして、毎日、お客さまと会うのが楽しくてたまらないと感じてほしい。

そのために私は本書を書きました。この本があなたの手助けとなれば、著者としてこれ以上に嬉しいことはありません。

ぜひ期待して、本書を読み進めていってください。

２０１８年９月

辻盛英一

## 第2章 トップ営業マンはお客さまに「特別」を売っている

## 第3章 少しの時間でトップ営業になる6ステージセールス

# 第4章 営業マンの半数以上が勘違いしている営業の本質を知る

営業ステージを上げるためにやるべきこと①

# 第5章 営業マンの3割が間違いがちな時間と自分の使い方を知る

営業ステージを上げるためにやるべきこと②

# 第6章 「売る人」から「提供する人」にマインドセットする

営業ステージを上げるためにやるべきこと③

## 第7章 「特別」を極めれば1000万円稼ぐより1億円稼ぐほうが簡単

# 第1章

# 営業を楽しんでいる人ほどお客さまに選ばれる

# 1 「営業に向いていない人」はいない

成果を出せない時期が続くと、多くの営業マンは、「自分は、営業には向いていないのでは……」と悩み始めます。

でも私は、営業に向いていない人は1人もいないと考えています。

なぜなら、「営業」をひと言で表すと、「相手が望むこと、そして、喜ぶことを実現する仕事」、これはすべての仕事の原点だからです。


企画という仕事を考えてみましょう。

商品やサービスをつくるときは、必ず「お客さまが何を望んでいるか」「どうなったら喜ぶのか」を考慮しなければなりません。

「どうしたらお客さまが抱える課題や悩みを解決できるか」を考えた先に、売れる商品やサービスが生まれるからです。

そこには「相手が望むこと、そして、喜ぶことを実現する」という、営業の思考が欠かせません。

さらに経理や人事など、「お客さま」と直接、接することのない仕事でも同じです。

経理というと「決められたルールに従って、日々の金銭の動きを記録する」のが職務だと思うかもしれません。でも、積み重ねた記録をもとに、現在の状況が続くとどうなるか？　利益が増えない原因は何か？　……など、課題を読み取り、「会社が抱える問題を解決する」のが経理の本来の仕事です。

まさに「社員が望むこと、そして、喜ぶことを実現する」という、営業と同じエッセンスが根底にあるのです。

つまり、営業に向いていないと、ほかの仕事もできないことになってしまいます。

営業職でなかなか結果が出ない理由は、単に正しい営業のやり方、成果を出す方法を知らないだけです。

「そんなことはない」と言う人もいるでしょう。研修等でしっかり学んだと。

しかしたいていの場合、学んだといっても、商品知識と「ヒアリング→提案→クロージング」といったトークの順番くらいです。これでは、いくら努力を重ねても、成果を出すのは難しいと言わざるを得ません。

**営業で成果を出す最大のコツは、1人ひとりが持つ「特別」を使うこと。**

**そして、自分のいる営業ステージを知り、自分と営業手法を進化させていくことです**（詳しくは第3章）。

それだけで、思ってもみなかった結果を面白いように生み出すことができます。

営業がしっかりできるようになれば、この先どんな仕事に転職しても、うまくいく可能性がグンと高くなります。

2

## 研修で学んだ営業方法は忘れる

私は、2018年に自分の会社を設立するまで、メットライフ生命保険株式会社という世界最大級の保険会社で、入社以来13年間連続No.1の成績を上げ続けていました。

そのため、会社にいるときから「辻盛さんは営業の申し子やな。ええなあ」とか、「仕事で困ったことないんやないか」とか「辻盛さん、ズルいなあ。その極意を教えて！」と、社内、社外問わず声をかけられ、営業方法を聞かれてきました。日々のアドバイスまで含めれば、これまで2000人超の営業マンを教えてきたでしょう。

でも正直に言うと、最初からすべてがうまくいっていたわけではありません。

実は、生まれたばかりのとき、私は左脳の脳波がなく、「100人中99人が亡くなる難病」と診断され、さじを投げられましたし、その後も長く入院生活が続き、そのせいで、5歳までしっかり歩くことができませんでした。

両親が「なんとかならないか」と、あらゆる手を尽くして回復を願い続け、その甲斐もあり、石川県のお寺で全身にお経を書いてもらったところ、奇跡的に回復。ようやく普通の生活を送ることができるようになったのです。

その後野球に出会い、学生時代はひたすら野球に打ち込みました。大学にいたっては授業など一度も出た記憶がありません。そんなとき、県でいちばん大きな果物屋を経営していた両親が破産。学費や生活費を稼ぐべく、苦学生を対象にした塾を始め、毎月50万円を売り上げ、どうにかこうにか生活をしていました。

大学を卒業して大手都市銀行に就職。都市銀行だけあって、まわりは東大や京大出身のエリートばかり。

「学歴で勝負できないなら、実力で勝負しよう！」と張り切って出社した私が最初に任されたのは、ATMの近くに朝から晩まで立ち続け、カードローンの勧誘をする仕事でした。

しかし、銀行に来る人全員に声をかけても、見事に1件も契約が取れません。そんな日々が何日も何日も続き、いったい何のために会社にいるのか、早々にわからなくなってしまいました。

さらに支店の売上が悪いからと、夕方6時にいきなり経験したこともない住宅ローンの勧誘に行かされたり、お客さまとのアポイントが取れず、かといって銀行に戻ることもできず、ただひたすら喫茶店で時間をつぶしたり、訪ねた先でひどい断られ方をして自分の存在価値を疑ったこともあります。

営業の仕事に励めば励むほど人に嫌われていく恐怖に悩まされ、疲れ果て、「このまま同じことをやっていたら、いつまで経ってもこの日々から抜け出せない。もうお客さまに嫌われるのは嫌だ。お客さまに好かれたい」と思うようになった私は、思いきって研修などで先輩たちに習った営業方法を捨てたのです。

きっかけは、阪神ファンのお客さまのお宅に営業に伺ったことでした。

「どうせ営業の話をしても嫌われるのがオチだし、タイガースの話だけして帰るか」と開き直って訪ねたお宅で、監督の采配や選手起用について話しているうちに、もともと私も野球が大好きでしたからすっかり盛り上がり、結局、2時間以上話していました。営業トークをしていたときにはありえなかったことです。

「すみません！　すっかり長居してしまい……」とあわてて腰を上げると、「そういやあ辻盛君、何しに来たんやったっけ？」とお客さま。「野球の話です」とお答えすると、笑って「ちょうど設備を入れ替えるから5000万円ほど借りときたいねんけど」と言って契約してくださったのです。

こうしたことがその後も何人か続き、私は「そうか。こういうことだったんだ」と気づいたのです。

つまり、相手が喜ぶことを実現するという営業の仕事の本質に立ち返った結果、たどり着いたのが、本書でお話しする「特別」を売ることだったのです。

この時期は今振り返っても先が見えず、本当に苦しかった。抜け出すことができてよかったと心から思いますし、同じような思いをしている人には、ぜひ抜け出してほしいと強く願い、日々、研修や指導、講演をしています。

実際、このことに気づいてからというもの、営業成績がどんどん伸び、精神的に追い詰められることもなくなりました。また、メットライフ生命から声をかけてもらい転職すると、入社してすぐに営業成績がトップに。営業という仕事を心から楽しみながら、成績を出すことができる、とてもいい状態になったのです。

ところがです。

このまま順調にいけるかと思っていた2008年9月、アメリカの投資銀行、リーマン・ブラザーズが破綻。その影響は世界中に広がり、金融危機が起こりました。日本も例外ではなく、私のお客さまの会社も次々と倒産、保険契約のキャンセルが相次ぎました。それまでほぼ100％だった契約継続率が18％にまで落ち込み、私は、1か月に500万円の罰金を払わなければならない事態に。

当然、金融危機の影響はお客さまだって不安です。1件1件説明に伺って回りました。すると驚いたことに、「困っているなら、助けてあげるよ」というお客さまが次々と現れ、新たに保険に入ってくれたり、知り合いを紹介してくれたりしたのです。

こうしたお客さまの支えによって、私は罰金をすぐに返済することができ、さらに、わずか1か月で業績もこれまでと変わらないほどに復活することができました。

「特別」を介して付き合うことによって、お客さまにとってただの営業マンではなく「特別な営業マン」に、そして1人の人間となっていた。だから、助けてくれたのです。

お客さまに助けてもらい窮地を脱したこのとき、私は、そんなお客さまと関われる「営業」という仕事の素晴らしさをあらためて感じました。

銀行員時代には、お客さまはお客さま、営業マンは営業マン、まったく別物と思っていました。しかし、お客さまも営業マンもあくまで立場が違うだけであり、お互い1人の人間。人と人としての付き合いによって関係が成り立つことを知ったのです。

「自分のお客さまには、見返りを期待せずにできる限りのことをしよう！」

そう心に決めました。

**営業とは、ものを売るだけが仕事ではありません。**

**様々な人との数多くの出会いがあり、関わることで人として大きく成長することができる、素晴らしい仕事なのです。**

3

# 選ばれる営業マンは「娘の結婚相手」を目指す

研修でよく、「あなたがお客さまだとしたら、どんな営業マンが来たら〝イヤだな〟と思いますか？」という質問をします。

よくある答えは、次のようなものです。

不潔な人、態度がデカい人、売っている商品のことをよく知らない人……。

そのうえで質問を続けます。

「では、あなたに娘さんがいるとしましょう。〝こんなヤツが結婚させてくださいと挨拶に来たらイヤだ〟というのは、どんな人ですか？」

誠実でない人、礼儀がなっていない人、すぐ怒る人、収入が少ない人、暴力をふるう人、いばる人、話がつまらない人、食べものの好き嫌いが多い人、タバコをポイ捨てする人……などが、研修でよくあがってくる答えです。

さらに、「〝こんな総理大臣はイヤだ〟というのをあげてください」という質問をします。すると、求める条件はもっと厳しくなります。

英語がしゃべれない人、リーダーシップがない人、服のセンスがダサい人、平気でウソをつく人……。

みなさんはどんな人を思い浮かべますか。

実はこの質問、「営業マンとして、どんな意識で仕事をしているか」を探し出すものなのです。

「営業マン」と「娘の結婚相手」に求めるレベルが大きく違う人は、「たかが営業なんだから、このくらいはいいだろう」と、自ら自分の仕事のレベルを下げているということです。お客さまと向き合う大事さを理解できていないのです。

同じ質問をトップセールスの人に聞くと、「来てほしくない営業マン」のレベルが、総理大臣に求めるレベルと変わらないことがよくあります。

リーダーシップがないとダメ、服のセンスがないとダメ、ウソを絶対についてはいけない……と、厳しい条件を自分にも課しているわけですね。

**お客さまにとって特別な存在になるには、最低でも「娘の結婚相手」を意識して、お客さまと向き合うことです。**

「身内になってもいい」というレベルをクリアすることで、営業の仕事は、単なる「モノを売りに行くこと」から、「大事な家族を任せてもいいと思えるほどの信頼を得ること」に変わります。

それだけの気持ちを持って営業に行くからこそ、お客さまに愛される人間になれるのです。

# 4

# 「買っていただく」のではなく「買えてよかった」

営業という仕事に、あなたはどんなイメージを持っているでしょう？

セミナー等で実際に営業職をしている人に「営業とはどんな仕事だと思いますか？」と聞くと、表現は様々ですが、いまだに「お客さまにペコペコして買ってもらう」ことだと答える人が少なくありません。

もしあなたもそう思っているなら、今すぐその考えを捨ててください。そんな意識が少しでもあると、自然にお客さまは「買ってあげる」、営業マンは「買っていただく」という上下関係ができてしまいます。

本来、営業とは、お客さまに役立つ商品を紹介して感謝される仕事。

お客さまからすれば「自分の生活を向上させてくれるものが手に入ってうれしい」、営業マンも「お客さまを幸せにする商品を手にしてもらってうれしい」と、お互いに幸せになれる仕事です。

間違った「営業」のイメージをリセットし、営業の仕事が楽しくてたまらなくなり、**お客さまに愛されるために、最も大きな効果を発揮するのが、ほかでもない、あなたの持つ「特別」です。**

「はじめに」で、飲んだくれだった42歳の保険営業マンのことをお話ししました。

私の研修に参加したとき、彼は恐怖でいっぱいでした。

彼の会社では、営業が6か月間、ある一定以上の売上を上げないと、仕事を辞めさせられることがあります。

なかなか成績を上げられないでいた彼は、「辞めさせられるかも……」というプレッシャーから逃れるために、毎晩、記憶を失うほど飲んでいたのです。

私は話を聞き、「そこまで酒好きなのは貴重だよ。それだったら、お客さまに〝酒飲みませんか〟って誘えばいいじゃない」と、提案しました。

「何を言っているのだろうか」という不安げな表情で私の顔を見る彼に、「いきつけのバーとか貸し切って、お客さま、みんなに来てもらえば？」と話したのです。

おそらく半信半疑ではあったものの彼は「わかりました」と言ってすぐに動き、1週間後に馴染みのバーでパーティーを開催しました。

そして自分の大好きな高級ウィスキーを取り揃え、招待したお客さまに「このウィスキーは、スモーキーな味わいで男性に好まれるものなんです！」「接待だったら、このブランドの19年モノがオススメですよ」などと、イキイキとお酒の話を披露したのです。

その後、わずか3か月で、彼の月収は100万円になりました。

さらに半年も経たないうちに、なんと200万円を達成。

現在でも彼は、2週間に1回パーティーを開催し、それ以外の日はお客さまとお酒を飲みに行っています。

そして年収は、3000万円にまで達しているそうです。

自分の大好きなお酒の話をして、お客さまにも喜ばれる。

お願いをしなくても、お客さまから「話が聞きたい」と言われ、どんどん売上を伸ばし続けています。

「特別」を使えば、ここまで楽しく、しかもここまで売上を大きく飛躍させることができるのです。それはあなたにも、確実にできることでしょう。

# 5
# 「好き」を突き詰めると「価値」になる

ある高級ブランドの販売をしている男性（Kさん）のお話をしましょう。

彼は、アパレルブランドの社員でありながら、ショップにはほとんど顔を出しません。ショップに出勤するのは、自分が担当するお客さまが来るときだけ。ひと月に4回しかお店に出ないこともあるといいます。

それでも、売上は全国でトップクラス。

店に出ないで何をしているかというと、お客さまと一緒に、流行りのレストランで食事をしたり、海外旅行に出かけたりしています。

いったいどうしたら、そんなことが可能なのでしょう？

Kさんは、洋服や小物が大好き。

自分の勧めるブランド店のアイテムすべてが頭に入っているので、どれとどれをコーディネートすれば、その人がいちばん引き立つかを瞬時に提案することができます。また、すでにお客さまが持っているほかのブランドのアイテムとの組み合わせも提案してくれます。

素材やカッティングなどまで知り尽くしているので、体型や場所、シチュエーションにピッタリのアイテムを教えることもできます。

たとえば私が「タイに旅行に行く」と言えば、「タイは湿気が多いから、このシャツが着心地がいいですよ」とか、「いつもデニムをはかれていますけど、このショーツのほうがかっこいいですよ」などとアドバイスしてくれます。そう言われると、私もつい、勧められる商品を買ってしまいます。

また、LINEを使い、新しいアイテムをアップして「欲しいものがあったら、取っておきますよ」と知らせてもくれます。そこで気に入ったものがあれば、私はKさんに連絡をするわけです。

自分の大好きな洋服や小物でお客さまが素敵になっていくことを、彼はとても楽しく、うれしいと思っているのが伝わるため、客である私も彼のことを信頼して、様々な相談をするようになります。

今や彼は、私にとってはなくてはならない「特別」な存在になっています。

おそらく彼のお客さまは、皆同じ気持ちでしょう。

自分も楽しみながら、お客さまにも喜んでもらえ、確実に売上も上がる。そんな営業の仕事をKさん自身も大好きだと言っています。

もう1人、酒屋で働いているTさんも心から仕事を楽しんでいます。

Tさんは日本酒が大好きで、日本全国の日本酒をほとんど飲んだことがあると言っていいほど、日本酒についてよく知っています。

彼もやはり、あまりお店に立って販売することはありません。

では、どうやってお酒を売っているのか？

Tさんは毎晩のように、日本酒を扱っている居酒屋や小料理屋などに行き、ひたすら飲み歩いています。

そして、訪れた店の日本酒を片っ端から飲み、「あ〜、こんな酒、置いているんだ」と堪能しながら学びつつ、このお店に合いそうなお酒を考え、「もっといいのがあるのに、もったいない」と言って、自分の店で扱っている、とっておきのお酒を紹介するのです。

それもただ営業するのではありません。

そんなふうに、「1本、サービスで置いていくから、お客さまに飲ませてあげて」お店は大喜び。しかもそのお店のお客さまからも好評。だから、次々と正規の注文も入ってきます。

Tさんも、お店も、そして実際にお酒を飲むお客さまも喜んでくれる、そのことを実感できる自分の仕事がTさんは楽しくて仕方がありません。

飲食店のこと、お客さまのこと、さらには蔵元のことまで考え、自分も楽しみながら、日本酒を広め続けていきたい。それが、現在のTさんの願いです。

Kさんも Tさんも、突飛なことをしているわけではありません。

自分の好きなこと、特別なことをお客さまに還元することに全力を尽くしているだけです。その結果、売上がついてきます。

**人は、価値あるものにはお金を出すからです。**

営業という仕事に携わっているのであれば、私は誰でも、この2人のようになれると考えています。

あなたの好きなこと、特別なことは、いわばあなたを象徴するものでもあります。

あなただからできる特別を見つけて、あなただけの価値を提供していきましょう。

# 第2章

# トップ営業マンはお客さまに「特別」を売っている

1

# 「自分が好きなこと」は誰かの好きなこと

トップ営業になる人は、自分が持つ「特別」を使い、お客さまに共感や感動を与えています。それが、営業成績という数字になって戻ってきています。

そう言うと、トップ営業になる人は「特別な才能を持っている」ように聞こえるかもしれません。

しかし私が言う**「特別」とは、生まれ持った才能や努力して磨き上げた能力のことではありません。「特別」とは、「あなたにとって特別な存在」であること。つまり、「あなたの好きなこと」「興味があること」にほかなりません。**

「本当にそれでいいの？」と疑問に思うでしょうか。

研修で「特別」のお話をすると、多くの人が不安そうな眼差しでこちらを見ます。

「そんなことで、本当に営業成績が上がるの？」

「『自分の好きなこと』が、はたして営業成績を上げることに結びつくのだろうか？」

稼ぐことが大変だと身にしみて感じている人ほど、そう感じるようです。

仕事はつらいものであると認識しているために、無意識のうちに「好きなこと」や「興味のあること」と「お金を稼ぐこと」を正反対のところに位置づけているのです。

まずはそんな固定観念を打ち壊さなければいけません。


思い出してみてください。

「はじめに」で紹介した元プロテニスプレイヤーである営業マンの特別は「テニス」でしたし、6か月受注ゼロの28歳、営業ウーマンの特別は「外食」でした。彼らは皆、この「特別」を活かしたことで、営業で成功することができています。

まずはあなたの「特別」を探してみましょう。

誰にでも「好きなこと」「興味のあること」があるはずです。

「それをやる」と考えると、楽しい気分になる。

時間を忘れて打ち込めるようなもの。

自分にとって「特別な存在」です。

みなさんにも思い浮かぶものがあるのではないでしょうか。


営業マン向けの研修でも最初に「好きなことはないですか？」と尋ねます。

すると、ほとんどの人が「え、特にありません……」「わかりません」と、申し訳なさそうに答えます。

「仕事に関係なさそうなことでもかまいません」とお伝えしても、「営業という仕事に役立つような『好きなこと』、スキルになりそうなことはない」と答えが一向に出てきません。

単なる趣味で、お金を稼ぐという目的に対しては有効な手段ではない、と。

それでもかまいません。「テニス」でも「料理」でも、「寝ること」だっていいでしょう。

なぜなら、あなたが好きなことは誰かも「好き」であり、あなたにとって特別に感じられること、特別な存在であることは、誰かにとっても「特別」だからです。

営業は商品を売ることよりもまず、お客さまの信頼を得ることから始まります。

あなたの「特別」を露出することによって、必ず共感が得られ、そこから信頼を得ることができるようになります。

2

# 営業には「特別な才能や技術」は必要ない

「私はサッカーが好きなのですが、かといって、プロになれるほどうまいわけじゃないから『特別』とは違う気がします」

「絵を描くのが好きだけど、趣味でスケッチしている程度だから『特別』なんて言えないですよね」

「私はピアノを弾くのが得意だけど、人に聴かせるのは恥ずかしいレベルです。どう判断すればよいですか？」

研修で「好きなこと」を探す作業をする際に、よく質問されることです。

「特別」とは、別に誰よりも秀でた能力や技術である必要はありません。

もちろん、技術が伴うにこしたことはないでしょう。でも、才能や技術は〝どの程度〟だって、かまいません。

むしろ、どれくらい「好き」かという「度合い」が、営業で成果を上げるには重要です。

たとえば休日をほとんど費やすくらい、サッカーをするのが好き。技術的にはたいしたことがなかったとしても、サッカーの話をするときは楽しくて仕方がない……ならば、十分に「特別」なもの。

「好き」であれば、誰に強制されなくても、自ら進んで「やりたい」と思うでしょう。

また、繰り返し行うことは苦痛でもなんでもなく、むしろ楽しいはずです。

さらに、歴史や背景などにも興味を持ち、しかたなく勉強していた学生時代とは違い、知識が増えることでさらに「好き」が深まるでしょう。

「好きの度合い」が高くなればなるほど、実は「特別」な域に達します。

だからこそ、技術や才能ではなく、心から好きなことが大切なのです。

**心から好きで、純粋に楽しめること。**

それが「特別」を見つけるための重要なカギになります。

# 3 「価値がない」と思っていることほどあなたの強みになる

どうしても「特別」「好きなこと」が見つからないときは、次の質問を自分にぶつけてください。


「もし、１か月、休みをもらったら何がしたい？」

「何をしているときがいちばん楽しい？」

「お金がいくらでも手に入ったら何をする？」


仕事は一切関係ありません。休みの日のことを思い浮かべるのです。

子どもと遊ぶことがいちばん楽しいのであれば、何をして遊ぶのがより好きかを考えてみてください。

ゲームやサッカーなど、何かしら「好きなこと」があるはずです。

「一緒にのんびりする」でもかまいません。

どんなふうにのんびりするのがいいか、考えるのです。

**「好きなこと」を活用すれば、苦もなく営業成績はグンと伸びていきます。**

「はじめに」でもお伝えしましたが、私の「特別」は野球です。

大好きな野球に関わり続けたからこそ、様々な出会いがあり、13年も営業成績のトップでい続けることができました。

ほかにも、外食が好きだから、テニスが好きだから、麻雀が好きだから、様々なことを「特別」にすることで成績が伸びた人たちはたくさんいます。

楽しみながら、飛び抜けた生業の成果が出せる。

こんな夢のような話が実際にあるのです。

仕事に結びつけずに「好きなこと」や「興味のあること」を考えてみてください。

「本当にこんなことでいいの？」と思うような答えが出てくることもあるでしょう。

「そんなことに興味があるなんて変わっている、と自分でも思うのだけど」

「こんなこと、『特別』なんていうようなものではないけれど」

などと思うかもしれません。

でも、「そんなこと」でいいのです。

**世界中で「あなたしか好きではない」ことなんてありません。**

49ページに、「特別」を見つけるためのチェックリストを用意しています。

売上をアップするためのツール探しではなく、あなたを知るための質問として素直に答えてみてください。

まずは素直に自分の「好きなこと」をしっかり見極めましょう。

## あなたの「特別」は何？
## あなたの「特別」を見つけるチェックリスト

「特別」は誰にでもあります。
あなたの「特別」は何かを、50 ～ 51 ページの質問リストに答えて、見つけていきましょう。
質問は、レベル１、レベル２、レベル３の３つの段階に分かれています。

**「レベル１」**は、あなたが今持っているものの棚卸をして見直していきます。「あたりまえ」に思えることでも、同じものを持つ人との間に親近感を生み出すきっかけになるなど、「特別」になる可能性があるからです。質問の答えを、お客さんと会うときに意識して話題にしてみるといいでしょう。

**「レベル２」**は、特に「好きなことがない」という人にとって、自分の行動からどんなことが好きなのかを見出します。質問の答えは、あなたの「特別」になり得る可能性があるものです。たった１つに絞る必要はありません。それぞれ、どんどん深めていってください。

**「レベル３」**では、あなたが本当に好きなことを探っていきます。質問の答えは、あなたが本当に好きなこと、つまり「特別」といえます。

レベル１から順番に答えていくことで、自分を見直すこともでき、答えの幅も広がります。

見つけた「特別」の使い方は、次章以降でお話しします。

## レベル2

### 好きなものをあぶり出す質問

□休みの日は何をして過ごすことが多いですか？

□何度も繰り返して見ている映画はありますか？

□現在、習いごとをしていますか？

□現在、運動チームや趣味のサークルなどに所属していますか？

□時計、バッグなど身につけるもので好きなブランドはありますか？

□バイクや車など、移動手段を持っていますか？

□買い物はいつもどこでしていますか？

□お気に入りのレストランはありますか？

□いつも使っているパソコンのソフト（OS）は何ですか？

□好きなジャンルの本は何ですか？

□これまで行ったことがある国や地域はどこですか？

## レベル3

### 本当に好きなことを見つける質問

□子どもの頃から続けていることはありますか？　それは、何ですか？

□人に話すとうれしくなることはありますか？

□まわりの人に「うまいね」とほめられることはありますか？

□気づいたらついやってしまっていることはありますか？　それは、どんなことですか？

□もし、1か月休みがあったら何をしますか？

□仕事をしなくていいほどの収入があったら、どんなことがしたいですか？

□楽しくて時間を忘れてしまうことはありますか？　それは、どんなことをしているときですか？

□お金を払ってでもやりたいことはありますか？

## レベル1
### 自分が持っているものを見直す質問

□あなたは現在、どこに住んでいますか？

□あなたの出身地はどこですか？

□引越しの経験はありますか？
これまでどんな国や地域に住んだことがありますか？

□あなたの両親の出身地はそれぞれどこですか？

□あなたの祖父母の出身地はどこですか？

□あなたの生年月日、干支、星座は何ですか？

□あなたと同じ日に生まれた有名人はいますか？
それは、誰ですか？

□あなたの血液型は何ですか？

□あなたの出身校はどこですか？

□子どもの頃、習っていたことはありますか？

□学生時代、部活は何をやっていましたか？

□現在の仕事は何ですか？
これまでどんな仕事（アルバイト）をしたことがありますか？

□今、働いている業界はどういったところですか？

4

# 「特別」とはあなただからこそできること

「フェラーリを持っていたら〝特別〟なんですか？」

以前、こんな質問をされたことがあります。

答えは、〝NO〟です。

なぜなら、フェラーリはお金を出せば、誰でも手に入れられるもの。

誰かが「フェラーリを持っている人に会いたい」というとき、あなたである必要はありません。

所有していることより、「車が好き」「フェラーリが好き」であるほうが大切です。

Hさんは、バイクが大好きな営業マン。カスタムしたバイクを3台ほど所有していました。あまりに好きな気持ちが高じて、ロードレースにまで出場するようになったほどです。

「競技人口もそう多くはない、このニッチな趣味が営業に役立つの⁉」

そんなふうに思うかもしれません。

ところが彼は、この「特別」を使って、成績を飛躍的に伸ばしました。

レースは、参加するためにライセンスが必要なことが多くあります。そのため、いくらバイクが好きでも、一般の人にとって敷居が高いもの。

「バイクは好きだけど、サーキットを走ったことがない」という人が意外と多く、そこにHさんは目をつけたのです。

彼は、「バイクに興味がある」という人に会うと、次のような提案をします。

「自分のバイクの後ろに乗って、サーキットを走ってみませんか？」

バイク好きな人にはたまらないお誘いです。

「ぜひ乗ってみたい！」という人が次々に現れました。

そこで彼はこう伝えます。

「一緒にバイクに乗ったら、帰りに保険の話をさせてくださいね」

お客さまをサーキットに連れていき、営業の話もする。これで、どんどん契約を結んでいき、彼は半年もしないうちに、トップ営業マンになっていました。

最近では、この話を聞きつけて「私もお願いしたい」という申し込みが人づてに来るようになり、ますますお客さまが増えています。

Hさんは、自分だからこそできることを考えて行ったために、こうして成果が出てきたのです。

**「好きなこと」だからこそ、どうしてもらったらうれしいと思うかがわかるはずです。**

それを自分だからできることにして、お客さまに提供していきましょう。

# 5

# 「特別」の最大の役割は「不信感」を取り除くこと

「特別」を使うと、なぜトップ営業マンになれるのでしょうか。

人がものを買うプロセスにおいて、障害となる要因に、次の「４つの〝不〟」があります。

① 不信（信頼できない）
② 不要（必要ない）
③ 不適（自分にはあわない）
④ 不急（今はいらない）

なかでも最大の壁が、最初に立ちはだかる①「不信」です。

営業がスムーズにいかない原因の7割以上は「不信」が原因と言っていいでしょう。

人には、他者の攻撃から自分を守る本能があります。そのため、ちょっとでも〝敵〟だと思ったら警戒し、なかなか気を許すことはありません。

つまり、営業マンとしてはそんなつもりはなかったとしても、お客さまが「売りつけられるんじゃないか」「カモにされているんじゃないか」と感じたら、営業マンを「自分が望まないことをする人」だと認識し、不信感を抱きます。すると、どんなにいい商品であっても、営業マンの言うことに対し、お客さまが納得することはないのです。

では、「不信」を打開するにはどうすればいいか？

答えは「好きなもの」の話をすること。

**お客さまの警戒心を解くには、「特別」が大きなきっかけとなるのです。**

私は以前、大好きな「車」と「時計」の話をしただけで、ある企業の社長さんに、1人1000万円の保険契約を、役員4人分していただいたことがあります。

その社長さんはとても気難しく、どんな営業が行ってもほぼ門前払い。会えたとしても5分で、「帰れ」と言われてしまう人がほとんどだということは、会う前に聞いていました。

「5分じゃ、商談はとてもムリだな」と判断した私は、保険の説明は一切しないと決めて、社長のいる部屋に入るとすぐ、オフィスの入り口で目にとまった珍しい車について尋ねました。

「1階にとまっていたのは、トヨタとアストンマーチンのコラボですよね」

すると社長さんは、「よくわかったな！」と、うれしそうにニヤリと笑い、車の話を楽しげに始めました。5分経っても一向に話は止まらず、結局1時間も続きました。

長居しすぎるのもいけないのでさすがに帰ろうとすると、「ところで君は、何をしに来たんだっけ⁉」と社長。

「実は保険の話だったのですが、営業がたくさん来ていると聞いていますので、また改めて来るようにします」

と私が答えると、「だったら来週、提案を持ってこい」と言います。

そこで翌週、提案書を持って会社を訪ねると、今度は別の、まだ試作品しかつくられていないはずの電気自動車が建物の前にとまっていました。

私は、興奮を抑えきれずに、部屋に入るなり「社長、何ですか、あの車！」と切り出しました。社長はうれしそうに「試しに乗ってみてくれと言われたんだよ」と先週以上にいい笑顔です。

そこからまた、車の話が始まり、なんとなく社長がその日つけていた時計の話に。その日もあっという間に1時間が経過しました。

「結局、提案は難しかったな」と思いながら帰る準備をしていると、「提案、見せて」と社長。

あわててお渡しすると、その場でチェックし、役員全員分、サインをしてくれたのです。

一度も商品の説明をしていないのに、です。

「好きな話」をしただけで私のことを信頼してくれた。自分の大事なことをわかってくれる私が持ってきた商品なら大丈夫だろう、というのが社長の判断の決め手でした。

ちょっとの工夫でこんな大きな成果が手に入ることも、営業にはあるのです。

# 6

# 「特別」に共感してくれる人がお客さまになる

営業という仕事は、自分を信頼してくれるお客さまと、一生付き合っていくものだと私は考えています。

**あなたの持つ「特別」に共感してくれる人。**

**そんな人と、お互いに信頼しあい長く続くよい関係を築くこと。**

それが、営業という仕事のムダなストレスをなくし、安定した成果を上げるためのベストな方法です。

でも、こんなことを言う人もいます。

「趣味が合う人だけだと、売上が成り立たなくはないですか⁉」

不安に思う気持ちもわかります。

ちょっと一緒に考えてみましょう。


あなたはゴルフが大好きで、週末は必ずゴルフ場に通い、2ラウンドはプレーしているとします。

2人で回るゴルフ場であれば、1人で通ったとしても、必ずそこに来た誰か1人と一緒に回ることになります。

すると、1年間に200人近くの人と知り合いになるわけです。

そのなかで10％の人がお客さまになってくれるとすれば、年間20人という新規のお客さまを獲得することができる計算になります。

これはスゴいチャンスだとは思いませんか？

「保険の神さま」とも呼ばれる伝説の営業マン、トニー・ゴードン氏によると、普通に暮らしている人が亡くなった場合、お葬式に来てくれる人の数は、250人だそうです。

## あなたの「特別」に共感してくれる人の数

**1人の人に250人の知り合いがいるとする**

知り合いの知り合いをトータルにしたら

250人×250人＝62,500人

の人と知り合える可能性があるということ

➡10人のうち1人に共感される力を磨けば
1人の知り合いからの紹介によって
お客さまにできる人数

250人×10%＝25人

知り合いの知り合いを訪ねて、お客さまにできる人数

62,500人×10%＝6,250人

⬇

**「特別」を磨けば磨くほど、**
**共感力が高まりお客さまが増える**

これはつまり、1人の人に平均して、250人の知り合いがいるということ。お葬式に集まる250人に、それぞれ250人の知り合いがいると考えると、それだけで6万2500人という数になります。

そして、その6万2500人にも、それぞれ250人の知り合いがいるのです。知り合い、そして、知り合いの知り合いだけでも、膨大な数になるのがわかるでしょう。

もちろん、全員があなたの「特別」に共感してくれるとは限りません。

でも250人の知り合いのうち、たとえば10人と親しい関係が築けたとします。それだけでもトータルで、2500人という数になります。

もしこの2500人のうち、10%だけでも共感してもらえる人が現われるなら。それだけで250人の新規顧客を、あなたは開拓することになるのです（61ページ図）。

そう考えると、たとえ自分の「特別」でお客さまを絞り込んでも、「売上が成り立たなくなる」どころか、まったく食べるに困らない数のお客さまを確保できるのです。

7

# ちょっとしたコツで「特別」の効果が倍増する

せっかく見つけた「特別」を効果的に活用するにはちょっとしたコツが必要です。

あなたの「特別」がゴルフだったとしたら、会うお客さま全員に「最近、ゴルフにハマっているんです」と、話をしてみるのです。

そして、反応を見ます。

「ふ～ん、私はゴルフはやらないんですよ」

と言われたら、それ以降はゴルフの話は封印します。

「おっ、そうなんだ。どれくらいで回っているの？」

と相手が興味を示したら、それはあなたの「特別」に共感してくれたということです。

そのときは、「はい、最近は80台も多いです」などと答え、ゴルフの話だけで盛り上がりましょう。

すでに仕事の話をしていたとしても、「仕事の話はこれくらいにして、ゴルフの話をしましょう」と言って、ゴルフの話に終始します。

そして、楽しく会話を終わらせたら、帰り間際に「今度また、仕事の話で寄らせてください」と言って、次のアポイントを取るのです。

ここでのポイントは、

「仕事と好きなことは別であり、仕事のために趣味の話をしているのではない」

と、わかってもらうこと。

**「特別」の話で会話が弾んだら、相手から言い出さない限り、その後に仕事の話をしないことが大切です。**

なぜなら仕事の話を始めたとたん、せっかく「特別」に共感してもらっていたのに、「なんだ、仕事のために話を合わせたのか」と思われてしまうからです。

また、ゴルフ場で知り合った人と仕事の話になることもあるでしょう。

「仕事、何やっているの」と聞かれて、「保険の販売をしています」と答えるのは問題ありません。

ただし、「どんな保険なの？」と聞かれたとしても、「よし、商品に興味を持ってくれた！」とばかりに説明を始めてはいけません。

「仕事の話はまた、別の機会にしましょう」

そんなふうに、さらっと受け流して、ゴルフやそのほかの仕事以外の話に戻してください。

「せっかくのチャンスなのにもったいない」などと心配しなくても、「特別」を通して相手と心が通じていけば、いずれは仕事にもプラスになるチャンスはめぐってきます。

まずは信頼関係をつくってから仕事の話をする。

不信感を抱かれないように気をつけましょう。

# 8

# 人と違う経験は「特別」を見つける入り口

「特別とは好きなもののことだ」と言うと、「それほど熱中できるものがない」と言う人もなかにはいます。

「好きなこと」を切り口にすると、「特別」が見つからない、と。

**ですが、そもそも「特別」がない人はいません。**

まずは、自分の特徴を洗い出し、そこから「特別」をつくっていきましょう。

「特別」をつくるとっかかりとして、「大勢の人とは違うところ」や「人と違う経験」などが役に立ちます。

その典型的なものは、出身地でしょう。

「社長がしゃべっているのは、ひょっとして鹿児島弁ですか？　実は僕も鹿児島でして〜」などと盛り上がり、相手に親近感を抱いた経験がある人も多いでしょう。

ただし、東京や大阪など、人口の多い地域の出身者は大勢いるので、出身地が共通していても、親近感がわくことはありません。

ところが「世田谷区の太子堂に住んでいた」などの狭い地域に限れば、親近感はグッと増し、仲間意識が生まれてきます。

ほかにも出身校が同じというのも強みになります。私が大手都市銀行に勤めているときも、「同じ大学の出身」という理由で、プロジェクトに呼ばれたり、異動先を考慮されたりした人を、少なからず目にしました。


誰でも相手との共通点が見つかると、安心して親近感を抱きます。

さらに、その共通点がより少ない人との間だけのものだと、結びつきを強く感じるものです。

先日、セミナー参加者を通じて、「人とは違う経験が役に立つんだ」と驚いたことがありました。

建築会社を経営していたJさんのお話です。

彼は、なかなか取引先が広がらずに悩んでいました。私も彼の突破口がどこにあるのか、日々、ヒアリングしながら考えていたところ、彼のお兄さんが、若かりし頃に地域で有名な暴走族のヘッドだったことがわかったのです。

「ぜひ、その人脈にあたってください」

私は彼にすぐに指示をし、彼も勇気をもってお兄さんに相談し（Jさんは真面目な学生だった）、昔の仲間たちに会いに行きました。すると、

「○○さんの弟さんですか！　昔はお世話になりました！」

翌週から、面白いほど契約が取れるようになったのです。

自分やそのまわりの歴史を紐《ひも》解くだけでも、様々な特徴、特別が見つかるものです。営業においては役立つ要素になるものも少なくありません。

51ページの「チェックリスト　レベル１」を活用してみてください。きっと糸口が見つかるはずです。

9

# 「〜しかできない」も「特別」になり得る

ここで1つ、面白い例を紹介しましょう。

私が「好きなことは何？」と聞いても答えが出せなかった20代のＡＤ（アシスタントディレクター）、Ｈさんのお話です。

「Ｈさんの特別は何か？」をヒアリングしていると、なかなか答えられなかったＨさんからこんな発言が飛び出しました。

「特別なんてないですって。偉い人をヨイショしたり、媚《こ》びを売ったりすることくらいしかできませんから、僕は」

私はびっくりしました。まさか、そんな強力な「特別」を持っていたなんて。すぐさま、彼に「それ、いいんじゃない。人のいいところがわかるってことでしょ。自分の長所だと思って、どんどんやったほうがいいよ。すごいよHさん！」と伝えました。

「ヨイショする」「媚びを売る」ことを恥ずかしいことだと思っていたHさんは、かなり驚いたようでしたが、あまりに絶賛する私を見て吹っ切れたようです。それからというもの、先輩や上司に呼ばれるとどこへでも出かけていって、場を盛り上げるようになったのです。

そして数年が経ち、Hさんは30歳になりました。

彼は、一念発起してモデルや役者さんをキャスティングする会社を立ち上げていました。Hさんを可愛がっていた先輩や上司が、「お前の会社なら、仕事を紹介するよ」と、次々に仕事を依頼してくれ、順調に成長しています。

「ヨイショ」や「媚びを売ること」がHさんにとって「嫌なこと」のままだったらこうはいかなかったでしょう。ですが、Hさんは自分を冷静に見つめ、「ヨイショ」や「媚びを売ること」を、**自分の「特別」として喜んでやるようになった。**

**だから、まわりの人から愛され、大きな成果を出すことができたのです。**

10

# 「特別」を使えば営業の仕事も楽しくなる

「強み」を活かしていないと、仕事の意欲や生産性が、なんと6分の1にまで下がるという、アメリカの研究があります。

本書で述べている「特別」も「強み」の一種。それを活かしていない営業は、6分の1の力しか発揮していないのと同様なのです。

反対に**「特別」を活かして営業をすれば、自信と希望にあふれ、お客さまや同僚など、まわりの人を思いやる気持ちの余裕も生まれます。**

「はじめに」でも紹介した、元プロテニスプレイヤーの男性は、まさにこの方法で成績を大きく伸ばしていきました。

「お客さまの前に行くと、何を話したらいいのかわからなくなる。仕事が嫌でたまらない」。保険営業として成果がまるで出ないことを相談に来た彼に、私はまず、「保険の営業のことはいったん忘れて、とにかくテニスだけをしましょう」と伝えました。

彼は喜んで近所のテニスクラブに入りびたり、ひたすらテニスの練習に没頭しました。

元プロ選手ですから、まわりの人に比べて飛び抜けた技術を持っています。しばらくすると、同じクラブに通う人たちから、「教えてほしい」と乞われ、レッスンするようになりました。

すると、教えた人たちから「お礼を支払いたい」と言われるようになります。ですが、彼が勤務している会社は副業を禁止しているため、お金を受け取ることはできません。

しかしそれでは、教わった人たちも気持ちが収まりません。「何かお返しができないか」と考え、はたと彼が保険営業マンであることに気づいたそうです。

「どうせ保険は必要なんだし、それなら先生（彼）の保険に入ろう」

こうして彼は次々と、保険の契約を結ぶことができたのです。

彼がしたことは、テニススクールに通ってテニスの練習をし、求められるままにテニスを教えた、ただそれだけです。その結果、成約率が上がり、収入が上がり、今では年収4000万円くらいになっています。

ところが先日、彼が「売上が伸びなくなってしまったんです」と相談にやってきました。顔色も優れません。気持ちもふさぎがちだと言います。

心配になって最近起きたことをヒアリングしたところ、腕を痛めてしまい、テニスができなくなっているとのこと。

「まるでプロテニスプレイヤーみたいだね。テニスができなくなると成績が落ちるなんて」と言いながら、初めて彼と出会ったときのことを思い出し、その差につい笑ってしまいました。

「特別」の偉大さがおわかりいただけたでしょうか。

彼のように、営業が嫌でたまらなかったのに、営業が楽しくてたまらなくなる。

これが「特別」の持つ力です。

「特別」の効果は、お客さまだけでなく、本人にも表れるのです。

11

# 弱みを無理して改善するよりも「特別」を磨くほうが大事

これまで多くの営業マンと出会い、話をしてきましたが、真面目な営業マンはみなさん、自分の苦手なスキルを強化することで、総合的に営業力を高める努力をしています。

「お客さまに向き合うと緊張して、なかなか話ができない」という人は、一生懸命に人前でのプレゼンの仕方を学び、「いつも説明だけして終わってしまう」という人は、雑談を取り入れたコミュニケーションのテクニックを勉強していました。仕事の後に話し方教室に通っている人にお会いしたことも一度や二度ではありません。ただその結果、お手本通りに話すことに注力してしまい、その人らしさが消えてしまうこともままあります。それは、とてももったいないことです。

問題解決のための努力はとても素晴らしく、大切です。

**でも、「特別」を見つけることができれば、弱みをムリして改善する必要などまったくなくなります。**

高校時代、甲子園にも出ていたKさんという男性がいます。

彼は「プロ野球選手になりたい」と思っていたのですが、どこからも声がかからず、最終的には就職して、一般事務の仕事を始めます。

ところが、何をやってもうまくいかず、いつも先輩に怒られてばかりで、1年も経たずに、仕事を辞めてしまったのです。

心配した高校時代の野球部の監督に相談され、私が彼に営業の仕事を紹介し、本書でお話ししている「特別」を使った営業法を伝えました。

彼は「野球」という「特別」を使い、すぐに成果を出し始めました。高校時代の野球部の後輩が所属するチーム全員から契約をもらうなどして、あっという間に全国のトップ10にまで入るようになったのです。

そんなある日、彼が複利をまったく理解していなかったことがわかりました。

「辻盛さん、年に2％なのに、なんで20年後に48％になるんですか？」

「1・1％だったら、いつまで経っても金額はそのままなんじゃないんですか？」

彼の質問に、私は驚き、言葉を失ってしまいました。

金融業界で仕事をしているにもかかわらず、複利の仕組みが理解できていなかったとは……。

「そんなに保険を売っているのに……。お客さまには聞かれなかったの？」と尋ねながら、私は「しまった、もっと早く確認しておけばよかった」と激しく後悔しました。

ただ、同時に、こんな弱みがあっても、「特別」があれば、成果を出せるのだなと気づきました。

Kさんだからこの商品を買うのであって、商品だけで買っているのではないということだからです。

「特別」のパワーを、あらためて実感した出来事でした。

12

# やりたくないことで「特別」をつくっては絶対にダメ

「相手が好きなことで、話題が合えばいいのではないですか？」

研修でよく質問されることです。

お客さまが好きなことが、あなたも好きなのであれば、そこから知識や経験を増やしていくのはもちろんＯＫです。

ですが、「売上を上げたい」という一心から、自分が興味のないことについてムリに相手に合わせるのだけは絶対にやめましょう。

体裁だけ相手に合わせても、間違いなく、そのことが相手に伝わります。

「買ってほしいだけなんだな」と感じたお客さまは、不信感とともに嫌悪感を抱き、あなたから遠ざかってしまうこともありえます。

ゴルフにまったく興味がないのに、「営業に役立つから」という気持ちでゴルフを始めた、あるメーカーの男性がいました。

でも彼にとっては、本来興味がないスポーツ。ルールやマナーをなかなか覚えられません。

「うまくなろう！」という気持ちもないため、お客さまと一緒にゴルフに行っても、楽しむどころか怒られてばかり。ゴルフ好きにとってゴルフ場は楽しい場となるはずなのに、彼がいることで不穏な空気になってしまうこともしばしばでした。

極めつけに、こんなことがありました。

ゴルフでは、ボールが落ちたときにできる芝生のくぼみを、専用のフォークで芝を寄せて直すのがマナーです。

ところが、マナーをちゃんと身につけていなかった彼は、自分がつくってしまったくぼみをそのままにして知らん顔でプレーを続けてしまったのです。

それを見た取引先の社長は、怒りが爆発。その場で契約解消を言い渡されてしまいました。

かつて私たちのチームが練習をしているグラウンドに、「辻盛さんと話がしたい」と、ある男性が訪ねてきたことがあります。

驚いたことにこの男性は、選手にとっては神聖なグラウンドに、ぺっと唾《つば》を吐いたのです。それを見た瞬間、私は「この人と親しくなることはないだろうな」と確信しました。

そんなふうに、付け焼き刃で「好き」を演じても、ボロは絶対に出てしまうのです。そして、本気でそれを「好き」と思う相手に、うっかり出た「ボロ」によって、大きな不快感を与えることもあります。

自分が好きなことなら、お客さまと一緒にそのことをしたり、話したりするのを楽しめばいい。

そうでなければ、「自分はあまり、そのことを知らなくて」と正直に言い、別の共通点を探せばいいのです。

「はじめに」で紹介した「外食」が好きな営業女性は、お客さまに合わせるのではなく、意見を伝えることで成績を伸ばしました。

レストランや居酒屋でお酒を飲みながら、食事をするのが大好きな彼女でしたが、「もっと売上が上がれば、たくさんのお店に出かけられるんですけど……」と外食を我慢していました。

そこで私は、若い女性の声を聞きたがっている、アクセサリー会社の社長さんを紹介したのです。

彼女には、必ず女性の友人を誘い、その場で仕事の話はしないように伝えました。彼女と友人は、仕事の話は一切せず、聞かれたことに真摯に、ときには厳しいことも踏まえて答えたそうです。相手の社長さんはそんな彼女たちに喜んでごちそうしてくれました。

食事が終わる頃、「ところで、仕事は何しているの?」と聞かれた彼女は「保険の営業です」と答えましたが、私からの話を思い出し、「仕事の話は別の機会に」と話を切り上げたそうです。

すると社長さんは、「じゃあ、次はご飯を食べながら仕事の話でも」と、次回のアポを取ってくれ、後日契約にいたりました。

さらに、同じように「若い女性の意見を聞きたい」という企業の経営者などを彼女に紹介してくれるようになりました。

もし彼女が契約が欲しいがために、相手の社長に気に入られようと意見を合わせていたら、このような関係はできなかったでしょう。

彼女を信頼できると判断したからこそ、社長も人を紹介したのです。

「特別」を活用するには、まず信頼される人間であることです。

**相手に合わせるためにやりたくないことで「特別」をつくることは、結果として相手をだますことになりかねません。**

**絶対にやめましょう。**

13

# ルート営業こそお客さまを選ぶべき

「私はルートセールスなので、共感してもらった人だけと仕事をするわけにはいきません」

研修でよく聞かれる質問です。

ルート営業という仕事は、誰かの仕事を引き継いで担当するため、このルートを開拓した最初の担当者やこれまで引き継いできた担当者を気に入っていて、あなたにはさほど興味のないお客さまと付き合わなくてはならないこともある、実は難しい仕事です。

メインとなる大口の取引先があなたの「特別」と合えばいいのですが、実際はなかなかそんな偶然はないでしょう。

私自身も以前、大手都市銀行勤めをしていた際は、決まった会社を担当するルート営業でした。だからこそ言えるのですが、ルート営業であっても、あなたの「特別」に共感してくれる人だけと仕事をすることは可能です。

**大事なのは、考え方を変えることです。**

たとえば、あなたの「特別」に、まったく価値を見出してくれない取引先がいるとしましょう。

こちらから話題を投げかけても、「そうですか」とあっさりスルー。それに加え、「キミの前の担当だったら、もっと融通をきかせてくれたのに」「前任者の彼なら、このくらい割引してくれたよ」などと比べるばかりで一向に真摯に向き合ってくれない。相当なストレスですよね。モチベーションも上がらず、これ以上売上が伸びる可能性も見込めないでしょう。

そんなときは、こう考えることだってできるはずです。

この会社の売上が、月間500万円だとします。

ストレスを抱えて売上を維持するくらいなら、「500万円が50万円になってもいいや。（不足する450万円は）自分と価値観が合う別の取引先でシェアを増やそう」と。これが実現できれば、あなたの成績は下がりません。むしろ伸びる可能性だってあるわけです。

実際に、ルートセールスの取引先に「特別」を使って、売上を伸ばした営業マンもいます。

プラスチック製品の原料素材を売る会社の営業、Sさんは、前任者がいちばん大きな取引先の担当者に気に入られていたこともあり、担当が代わったとたん売上がガクッと下がってしまいました。

そんなとき私の研修を受けたSさんは、自分の「特別」である「歌がうまい」ことを活かそうと決心し、既存の取引先の新入社員歓迎会や忘年会などの宴会にことごとく顔を出し、その場で歌って、皆を盛り上げることを続けたのです。

Sさんの歌のうまさはどんどん評判になりました。

あちこちの取引先の社長から「2次会に来い」と、直接、連絡をもらうようになり、3次会のスナックにまで、呼ばれるようになったのです。

そして、気に入られた会社からたくさんのオーダーをもらい、前任の営業時代にいちばん大きな取引先であったお客さまを失ってもまったく問題ないくらい、大きな成果を出すことができました。

ルート営業は、自分が担当しているルート全体での売上が求められます。

つまり、どの会社から売上を上げてもいいわけです。

あなたの「特別」と合わないお客さまはシェアが落ちても仕方がないと割り切り、もっと「特別」に共感してもらえるお客さまと時間を共有することを大事にすべきです。

「特別」に共感してもらえるお客さまは必ず現れ、いつしかメインの取引先になってくれます。

とても勇気のいる決断です。現在のメインの取引先があなたの「特別」に共感されない場合はその売上をふいにすることになるからです。

でも実は、うまく会話にならないメインの取引先1社にシェアを絞って頼ってしまうほうが危険です。ある程度訪問を喜んでもらえるお客さまを複数持っているほうが売上が伸びる可能性が高いのですから。

営業マンとしてのメンタルも安定することでしょう。

だからこそ、しっかりお客さまと話をしていくことです。

また、ルート営業はもともとつながりがあるところに訪問できるため、新規開拓に時間を使わずに済むのも大きなメリットになります。そのメリットを活かしてあなたの「特別」が有効に働くお客さまを見つけるのが成功への早道です。

ルート営業こそ、「特別」を早く、効果的に使え、成果が出やすいと言ってもいいでしょう。

# 第3章

# 少しの時間でトップ営業になる6ステージセールス

# 1 営業には「6つのステージ」がある

**営業力を高めるために、「特別」を見つけ出すのと同じくらい大切なのが、「あなたが今、営業のどのステージにいるか」を知ることです。**

「営業」という仕事は、一見、「お客さまに商品を買ってもらう」というシンプルな構造に思えます。

でも実際は、ステージによって販売方法が大きく異なるのです。

「特別」を最大限、効果的に使うためには、「今、自分がどのステージにいて、どんなやり方をしているか」を知らなければなりません。

私は、営業マンがお客さまに接するときのスタイルには、次の6つのステージがあると考えています。

**ステージ①** 営業すればするほど嫌われる……「パワーセールス」
**ステージ②** とにかく数で勝負……「行動力セールス」
**ステージ③** お客さまのためになることを率先して行う……「ギブ&テイクセールス」
**ステージ④** 対価を求めない……「コンサルティングセールス」
**ステージ⑤** 営業のスターとなり、神さま扱いまでされる……「ファンセールス」
**ステージ⑥** 教祖のような存在となり、崇められる……「カリスマセールス」

この「営業の6つのステージ」は、私の20年近くに及ぶ営業経験と、その間に接してきた6000人もの営業マンを観察し、分析を重ねて得られた結論です。

「ステージ①パワーセールス」から「ステージ⑥カリスマセールス」まで、6段階に順番に進化していきます。

営業の仕事に携わっている人は、1人の例外もなく、必ず「6つのステージ」のどこかに当てはまります。

ただ、ときには「ステージ①パワーセールス」と「ステージ②行動力セールス」の要素を両方持ち、2つのステージの間の段階にいることもあるでしょう。

また、「ステージ③ギブ&テイクセールス」になったのに、「ステージ②行動力セールス」に逆戻りしてしまう人も存在します。

しかし基本的には、誰もが「ステージ①パワーセールス」からスタートし、次は「ステージ②行動力セールス」に移るのです。

そして「ステージ③ギブ&テイクセールス」「ステージ④コンサルティングセールス」と進み、最終的には「ステージ⑤ファンセールス」「ステージ⑥カリスマセールス」に到達します。

あなたは、今、どの段階にあるのか？

そして今、営業にどんな目標を持てばいいのか？

「特別」を活かし、楽しく成果を伸ばしていくためにこの6段階のステージを頭に入れて取り組んでください。

## 営業の６つのステージ

**自分の何かを犠牲にしながらその対価として売上を上げるステージ**

**ステージ① パワーセールス**

**特徴**：自分が売りたいもの、売らなければならないものを押し付けて売る

**問題点**：営業すればするほど、お客さまには嫌われ、仕事が嫌いになっていく

**ステージ② 行動力セールス**

**特徴**：ひたすらたくさんのお客さまに会うことで、成績を上げようとする

**問題点**：自分の時間が失われ、ストレスが溜まる

**ステージ③ ギブ&テイクセールス**

**特徴**：お客さまに何かをしてあげることで、成績を上げる

**問題点**：お客さまに喜ばれ、ストレスはなくなるけれど、忙しさは変わらない

**時間が自由になり、「特別」を活かして楽しみながら、**
**はるかに多くの売上を出すステージ**

**ステージ④ コンサルティングセールス**

**特徴**：対価を求めず、お客さまが困っていることを解決してあげる

**問題点**：なし。売ろうとしなくても、自然にお客さまが増えていく

**ステージ⑤ ファンセールス**

**特徴**：お客さまから信望を集め、無条件でお客さまは商品を買ってくれる

**問題点**：お客さまからの絶大な信頼が必要

**ステージ⑥ カリスマセールス**

**特徴**：お客さまが信者となり、何もしなくても応援が続いていく

**問題点**：なし。ただし、「なろう」としてなれるものではない

## 2 営業マンの半数以上が最初のステージで立ち往生している

「営業の6つのステージ」がどんなものか、それぞれ簡単に説明しましょう。

### ステージ① パワーセールス

「自分が売りたいもの、売らなければならないものを押し付けて売る」のが、「パワーセールス」です。

ハッキリと言葉に出さないまでも、「とにかく、買ってくれ」と、お客さまにプレッシャーを与え、お金を払ってもらおうとします。

自分はそんなふうに、強引にものを売ることなどしていない……。あなたは、そんなふうに思っているかもしれません。

しかし営業マンの半数以上が、実際は「パワーセールス」をしています。

たいていの営業マンは、商品知識を学ぶ程度の研修を受けたくらいで現場に送り込まれます。そのため、「営業とは、与えられた商品を売る仕事」だと思い込んでしまい、せっせと「パワーセールス」を行い、営業すればするほど、お客さまには嫌われる結果になります。

そんな自分に疑問を感じて仕事が嫌いになり、「辞めたい」と考える人が多出するのがこのステージです。

## ステージ② 行動力セールス

「ひたすらたくさんのお客さまに会うことで成績を上げようとする」のが、「行動力セールス」です。

「パワーセールス」を重ねたせいでお客さまに嫌がられ、会いに行くお客さまの数が減ってしまった。また逆に、特定の人たちに喜んでもらえる自分なりの売り方を見つけ、成約ができるようになった。

そのため、ひたすら多くのお客さまに会って、結果を出そうとするのです。

プライベートを犠牲にしてでも、「仕事のためだから」と励んでいるのがこのタイプ。営業マンのおよそ30%が、「行動力セールス」をしています。

## ステージ③ ギブ&テイクセールス

「行動力セールス」では、とにかくいつも、新しいお客さまを追いかけなければなりません。

つねに「次に行かなければ」というプレッシャーがかかり続けるため、やがてはその状況を打破したいと考えるようになります。

そこでたどり着くのが、「ギブ&テイクセールス」のステージです。

実際、「行動力セールス」で大勢のお客さまに会っていれば、やがて「お客さまの悩みや困りごとを解決してあげれば、契約に結びつく」ということに気づきます。

すると「お客さまに何をしてあげたら喜ばれるかを考え、先まわりして実践」することができるようになります。

これが「ギブ&テイクセールス」というステージの売り方です。

「ギブ&テイクセールス」をしている営業マンは、全体のおよそ15%。

営業の95%は、「パワーセールス」「行動力セールス」「ギブ&テイクセールス」の、いずれかのステージに当てはまっているわけです。

## ステージ④ コンサルティングセールス

「ギブ&テイクセールス」を続けていると、たとえ、商品の販売につながらなくても、「お客さまに何かを与えることそのもの」に喜びを感じるようになります。

これが「コンサルティングセールス」のステージです。

「コンサルティングセールス」になると、自分から商品を売ろうとすることは、ほとんどなくなります。

見返りを期待せずに様々な相談にのり、お客さまの悩みや困りごとを解決する。その結果、まわりに信頼され、自然に、営業としての売上が生まれていくのです。

「コンサルティングセールス」をしている人は、営業マン全体の3％ほどになります。

## ステージ⑤ ファンセールス

「ファンセールス」、そして次の段階の「カリスマセールス」のステージに到達している人は、それぞれ全体の1％以下だと言えます。

「ファンセールス」は、言ってしまえば「営業マンがアイドルになったようなもの」です。

アイドルがある商品について、「これを愛用している」とインスタグラム（Instagram）で発信すれば、ファンはその商品を買いに走ります。

同じように、あなたが「これ、いいですよ」と勧めれば、お客さまは「いいもの」だと信じて、疑わずに買ってくれる。

それが「ファンセールス」のステージです。

ここにいたるまでには、営業とお客さまとの間に、絶大な信頼関係が築かれていなければいけません。日々の積み重ねがものをいうステージといえるでしょう。

## ステージ⑥ カリスマセールス

「カリスマセールス」と「ファンセールス」は、売り方としてはほとんど同じように見えます。

ただ、応援してくれる人の種類が違います。

「ファンセールス」の「ファン」は、「カリスマセールス」においては「信者」となり、何があってもサポートをし続けてくれます。

芸能人を例にあげれば、矢沢永吉や長渕剛は、「カリスマセールス」のステージにいるといえるでしょう。

雑誌やコマーシャルなどのマスコミにはほとんど登場せず、コンサートもめったに開かない。それでも、新曲を出せば売れますし、グッズもコンスタントに売れています。

精力的に活動しているわけではないのに、支え続けるファンがいる。それが、「カリスマセールス」です。

「カリスマセールス」は、「なろう！」と目指して、なれるものではありません。

「ファンセールス」のステージに到達するまでに築き上げた、お客さまとの信頼関係はもとより、扱う商品に対する情熱や仕事に対する姿勢など、どこかに特別な個性を持ち、強力に人を惹きつける人がカリスマになり得るのです。

この6つの営業ステージを段階を踏んで上がっていくと、営業という仕事の楽しさ、面白さがわかってきます。

それにはまず、自分のステージについて理解し、上を目指す理由を理解しましょう。

営業の仕事をどんどん楽しんでください。

3

# 営業マンが目指すべきステージは「コンサルティングセールス」

営業マンは誰でも、「ステージ①パワーセールス」からスタートします。

しかし、最終的に目指すゴールは、必ずしも「ステージ⑥カリスマセールス」でなくてもかまいません。

あなたは営業マンとして、何を目指しているでしょうか？

その目的によって、到達するべきゴールは異なります。

私は、目指すライフスタイルによって、どのステージになりたいかを決めればいいと考えています。

研修に来る営業マンの人に、「今の目標は？」と尋ねると、「1000万円を稼ぎたいです！」と言う人が少なくありません。

でも「特別」を使えば、「パワーセールス」のステージだったとしても、実は1000万円どころか、数千万円から、ことによっては1億円稼ぐことだって可能なのです。

しかし残念ながら、お金を稼ぐために払う犠牲がとてつもなく大きいのが、「ステージ①パワーセールス」から「ステージ③ギブ&テイクセールス」までの3つのステージになります。

たとえば、「パワーセールス」では、買っていただくために、とにかく説得をしなければなりません。

多くのお客さまに会い、説明しても、断られる数は少なくないでしょう。仕事をすればするほど、心も体も疲弊してきます。

「行動力セールス」では、会うお客さまの数を増やすことで成績を稼ごうとするため、とにかく忙しくなります。

私生活や家族との時間も失われます。

「ギブ&テイクセールス」になれば、「新しいお客さまを見つけなければ」というプレッシャーからは解放されます。

でも「ギブ」した分しか、売上にならないため、「与えること」に多くの時間を割かなければなりません。

## 「ステージ④コンサルティングセールス」になると、モノを売る苦労からは、ほぼ解放されます。

極端な話、あなたがボロボロのジャージを身につけ、傷だらけのスクーターに乗っていたとしても、コンサルティングさえできれば、売りたいものは売れていくでしょう。

好きなことをして、お客さまの問題を解決することで成績になるため、「仕事をしている」という感覚ではなくなります。収入は思いのままになりますし、自由な時間もグンと増えます。

私は、営業をしている人はすべて、最終的には「コンサルティングセールス」を目指せばいいと考えています。

**営業を極め、やるべきことに没頭した結果、世の中や人々のために大きく貢献できる。そのうえでお金が自然に集まってきて、やりたいことがどんどん実現できる。**

それこそが営業としての醍醐味です。だからこそ、1人でも多くの人に「コンサルティングセールス」のステージに到達してほしいのです。

ただし、ここにいたるには、コンサルティング能力を高めることが大前提になります。そのためにはお客さまのことを考え、自分ができることを増やしていく努力を続けなければなりません。

ちなみに、ここで言う「コンサルティング能力」とは、あなたの「特別」を極めた結果、人の役に立つことができる力のことです。

「企業を発展させる業務」を指しているのではありませんので間違えないでください。

## ギブ&テイクセールスとコンサルティングセールス

**ギブ&テイクセールス**

……お客さまの役に立つことを一生懸命に探して、
役に立ってあげる

➡ 時間と労力が大幅に必要

**コンサルティングセールス**

……お客さまのほうから、
解決してほしい悩みを相談してくれる

➡ あなたはお客さまの役に立ち、
必要なときだけ売ればいい

⬇

**すべての営業は**
**コンサルティングセールスを目指すべき**

4

# それぞれのステージを脱するために やるべきことは違う

「お客さまのためになることをすれば、自然に売上も上がる」

先輩や上司、または営業向けのセミナーなどで、そう言われたことはありませんか？

お客さまの役に立つことをしていれば、売上がアップするのは真実です。

ただし、「自分のいるステージを間違えなければ」という条件があります。

たとえば「ギブ＆テイクセールス」や「コンサルティングセールス」のステージにいる人であれば、私は「まさにその通り、どんどん、お客さまのためになることをやりましょう」と言うでしょう。

でも、果たして「パワーセールス」にいる人が同じことをやったらどうなるでしょう？

お客さまの役に立とうとして、「何かできることはありませんか」と尋ねても、あっさり「ないから、来なくていいよ」と言われるのがオチ。

なぜ、同じことをしても違う反応が返ってくるのか？

それは、お客さまとの間に信頼関係が成り立っていないからです。


私はよく、こんなたとえ話をします。

あなたが魅力的な異性に会ったとします。

初めて会ったその日に、「何か欲しいものはありませんか？　プレゼントします！」と言ったとしたら、相手はどう反応するでしょう。

相手は喜んでプレゼントを受け取り、あなたのことを好きになると思いますか？

おそらく大半は、「うさんくさい」と思われ、やんわり断られるでしょう。

でも、何度か会って話をしたり、食事をしたりしたことがある相手であれば、「プレゼントします」という提案を、すんなりと受け入れてもらえる可能性が高くなるでしょう。

営業も同じです。

**「お客さまのためになることをする」には、まずは「この人は自分のためになることをやってくれる人だ」という信頼を得なければなりません。**

あなたがいるステージによって、「お客さまのためになること」の質は変わってくるのです。

第4章以降でそれぞれのステージの特徴とステージが上がるために必要なことなどをお話しししています。

今、自分が何をすべきなのかを確認して、どんどん実践していきましょう。

# 第4章

営業ステージを上げるためにやるべきこと①

# 営業マンの半数以上が勘違いしている営業の本質を知る

この章でお話しするのは……
ステージ①パワーセールス

# 1 自分のいる「営業ステージ」を知る

この章では、営業の６つのステージごとに、

**・そのステージにいる人のマインドと行動の特徴**
**・やってしまいがちな間違いセールスの事例**
**・１つ上のステージにいくための、マインドと行動の変え方**

をお伝えしていきます。

これまで私は、「特別」を使うことで、どんなにダメな営業マンも驚くほど簡単に、そして楽しく成果が出せるようになると述べてきました。

それは真実で、たとえあなたが今、どのステージにいるとしても、「特別」は、次のステージに進むための大きな手助けとなります。

営業マンのおよそ95％が「ステージ①パワーセールス」から「ステージ③ギブ＆テイクセールス」の段階にいます。111ページの「あなたがどのステージにいるかがわかるチェックリスト」で、自分がステージ①〜③のどこに位置しているか探してみましょう。

自分が「パワーセールス」や「行動力セールス」をしていることに気づいても、すぐにはそのことを受け入れがたいかもしれません。ですが、ステージを抜け出るためのステップとして向き合い、すべきことに目を向けてください。

また、ステージごとに、それぞれ異なった「特別」の活用法があります。それを知れば、非常に効果的に「特別」を活かすことができるはずです。

これから具体的な事例を交え、「特別」の使い方を詳細にお話ししていきますので、マインドと行動を具体的にどうやって変えて、1つ上のステージに行けばいいのか注意しながら読み進めていってください。

## ② 行動力セールス

□いつも「忙しい」が口ぐせ
□家族に「仕事と家族、どっちが大事なの」と聞かれたことがある
□何もしていない時間が怖い
□手帳がびっしり埋まっているのが自慢である
□休日も仕事をしている
□携帯メール、ラインが気になって仕方がない
□友達との予定が入っていても、仕事の予定が入ると仕事を優先させる
□ふと振り返ると、仲の良い友達と1年以上会っていない
□我が子に「ひさしぶり」と言われる
□会社で「エース」と呼ばれている

## ③ ギブ&テイクセールス

□お客さんの喜ぶ顔を見るのはうれしい、でも、見返りがないことはやりたくない
□人と一緒にいるときに、どうやって仕事につなげようか常に考えている
□ある程度、稼げている
□後輩に「営業の基本はギブすることだ」と言うのが口ぐせ
□どんな話でも「それ、ビジネスになりますね」と言ってしまう
□ビジネス交流会に頻繁に顔を出している
□有名人と知り合いになろうと努力している
□「稼いでいるんだから、代わりに○○をしてくれ」と家族に要求する
□転職の誘いが来ている
□家族を大切にしているつもりなのに、感謝されることが少ない

## あなたがどのステージにいるかがわかるチェックリスト

次の30の質問で「当てはまる」と思うものにチェックを入れてみてください。

今、あなたがどのステージにいるかがわかります。

営業マンの95%は「ステージ①パワーセールス」「ステージ②行動力セールス」「ステージ③ギブ＆テイクセールス」のいずれかにいます。

まずは自分がこの３つのステージのどこにいるかを知り、そこから進化することで、目指すべき「コンサルティングセールス」、そして最高峰の「ファンセールス」「カリスマセールス」にたどり着くことができます。

### ① パワーセールス

□お客さんと電話がつながりにくい、避けられている
□営業という仕事が面白くない、つらい
□「今日も行くところがない」が口ぐせ
□喫茶店やマッサージ、映画館にいる時間が長い
□商品を売ることに罪悪感がある
□「買ってくれる人」がお客さんだと思っている
□お客さんに「買ってあげる」「契約してあげる」と言われる
□自分は「できない営業マン」だと思っている
□日曜日の夕方がユウウツ
□営業すればするほど、お客さんがいなくなる

**★チェックの見極め方**

| | |
|---|---|
| **チェックが0～3個** | 当てはまるステージになる要素を持っています。 |
| **チェックが4～6個** | 当てはまるステージになる要素がおおいにあります。 |
| **チェックが7個以上** | まさにそのステージにピッタリ当てはまっています。 |

１つのステージに 7 個以上、集中してチェックがついた人、または、2つのステージにそれぞれ2～6個など、またがってチェックがついた人もいるかもしれません。

**★特定のステージに集中してチェックがついた人**

１つのステージだけにチェックがついた人は、たとえ、その数が 3 個以下だったとしても、あなたの営業スタイルはチェックがついたステージである可能性が高いといえます。

つまり「特別」を見つけ、使い方を身につけたとしても、次のステージに上ることができずに、今いるステージ特有の苦労をしているはずです。

**★2つのステージにまたがってチェックがついた人**

私の経験から言うと、隣り合わせのステージにチェックがつくことはあっても、2つ以上、段階が離れたステージにまたがってチェックがつくことはないはずです。

隣り合わせの2つのステージに同じくらいの数のチェックがついた場合は、まず、下のステージを脱する方法から実践してください。

自分がいるステージがわかれば、次に目指すべきステージが見えるため、どんなことを意識すべきかもわかります。

次の段階を目指して、行動を始めましょう。

# 2

# 「パワーセールス」は喝上げと同じ!?

営業マンなら誰でも必ず通るのが「ステージ①パワーセールス」です。

「パワーセールス」とは、お客さまに欲しくないモノをムリやり買わせる営業スタイルです。

実は営業マンの半数以上が、自身がパワーセールスを行っていることを自覚していません。なぜなら「買ってもらえるよう説得する」のが営業の仕事であると考え、その通りにお客さまと話をしているだけだからです。

会社から与えられた商品がいいもの、お客さまの役に立つものだとは思えず、営業をするたびに罪悪感を抱くというジレンマに陥りながらも売り込んでいる人は少なくありません。

代表的なパワーセールスには、新聞の勧誘のような景品や特典をチラつかせて契約をお願いする方法、サンプルを配る化粧品営業や試着や試乗をさせる洋服や車の販売など「一度、使ってみてください」と試してもらって買う気にさせる方法などが当てはまります。さらに「今だったら2割引ですよ」「安くしておきますよ」と、価格を下げて購買意欲をそそるのも、パワーセールスだといえるでしょう。

「そうは言っても結局はお客さまが欲しくて買っているのだから、パワーセールスではないのでは？」と思う人もいるかもしれません。

でも、パワーセールスには、お客さまの本当のニーズを確認していないという最大の問題があります。

お客さまにニーズがあるのではなく、あの手この手を使って欲しくなるように煽《あお》りたてているだけだからです。

たとえて言えば、家から仕事場に荷物を運ぶことが多い人に、高級スポーツカーを販売するようなもの。

高級スポーツカーは、たしかに性能が高くスピードが出ます。シートも上質で座り心地もいいでしょう。けれども荷物を多く運ぶ機会が多いのであれば、もっと相応しい自動車があります。

また、もう1つのパワーセールスの問題は、「お客さまにストレスをかけている」という点です。

**言い過ぎだと思われるかもしれませんが、私は「パワーセールス」は、喝上げしているのと同じくらい、お客さまにとっても、また営業マンにとっても、悲惨な状況だと考えます。**

欲しくもないものにお金を出してもらうのは、「今、自分にはお金がないから、1万円ちょうだい」と、ねだってお金をもらうのと変わりません。

また、営業マンにとっても「ムリやり買わせている」という気持ちが常につきまといますから「人の役に立っている」と思えず、営業すればするほど気持ちがすさんでしまうのです。

誰も喜ばないパワーセールスからは早く抜け出しましょう。

## 3 「昨日、何人の人と会いましたか？」

私はよく営業マン向けの研修で、「昨日、何人の人と会いましたか？」と聞きます。

すると、ほとんどの人は、「2人です」とか、「3人かな？」と答えます。

そこで私は続けて尋ねます。

昨日、ご家族とは会っていないのですか？　友達には会っていませんか？　社内では誰にも会わなかったのですか？

すると、多くの人があわてて、「いえ、会っています」と答えます。

じゃあ、なんで2人（3人）と答えたのか？　と尋ねると、

「〝昨日会った〟というのは、お客さまの数かと思いました……」と言います。

「パワーセールス」のステージにいる人は、家族や友人と「お客さま」を、同じ〝人〟なのに、無意識のうちに区別しています。

これがパワーセールスにいる人のマインドの、最大の特徴です。

つまり、お客さまのことを「商品を買ってもらうための人」だと考え、大切な時間を共に過ごしたい「家族や友人」とは、まったく別の存在だとみなしているのです。

たとえば自分の手帳や予定表に「その日に会うお客さまの名前」と「アポイントの時間」を書き込み、商談が成立しないと「×」印をつけて消す営業マンは少なくありません。

これは「買ってくれない人は〝お客さま〟ですらない」と考えていることと同様です。商談が成立しなければ、この世に存在しないかのように「×」で消されて終わりです。

**つまり「パワーセールス」のステージにいる営業マンにとって、お客さまは、「売上を上げるための道具」でしかないということです。**

**「パワーセールス」のステージにいる営業は、まず、この考え方を根本的に変えなければなりません。**

なぜなら、相手を「品物やサービスを買ってくれるだけの人」とみなしている感覚は、無言のうちに相手に必ず伝わるからです。

そのため、お客さまは「売りつけられるのでは⁉」と警戒し、あなたを避けるようになっていきます。

意識を変えるだけでお客さまの対応も変わってきます。今から意識を変えて、お客さまと接していきましょう。

## 4 仕事とプライベートの手帳は分けない

**「お客さま」のとらえ方を変える、いちばん簡単な方法は、「お客さまを大切な友人だと思う」ことです。**

お客さまを「仲の良い友達」だと思えば、欲しがっていない商品を勧めることはしませんよね。

また、たとえ必要とされる品物でも、「今月の売上が足りない！」ときに、ムリやりお願いして購入してもらうこともしないでしょう。

「お客さまは友達」と、自然に思えるようになる、ちょっとしたテクニックがあります。

それは、仕事とプライベートの手帳を一緒にすることです。

そして、この予定表には、お客さまや友人だけでなく、家族と共に過ごす予定も書き込んでほしいのです。

なぜなら私は、「最も身近にいる家族を大切にし、思いやることができる人は、ほかの誰に対しても同じように温かな気持ちを向けることができる」と考えているからです。

転職してきたばかりの27歳の新入社員、Nさんと打ち合わせをしていたときのことです。

Nさんの携帯電話に、お客さまから電話がかかってきました。

「○月○日の夜だったら時間がとれるよ」

そんなお客さまの連絡に、手帳を開いたNさん。

「わかりました。その日は家族と晩ごはんだけなので大丈夫です。うかがいます」

そう答えて、アポイントを取りました。

それを見ていた私は、すかさず、

「Nさん、それじゃ一生、営業成績は上がらんぞ」

と声をかけました。

「え、辻盛さん、なんでですか？　プライベートの約束と仕事のお客さまだったら、仕事のほうが大事じゃないですか⁉」

Nさんはとても驚いていました。


多くの営業マンは、Nさんの言うことが正しいと思うでしょう。

お客さまを優先すれば、お客さまに選んでもらえると考えます。

でも、この行動は、「お金のために、先に入れていた約束を変更している」ことにほかならないのです。

お客さまにしてみれば、そのときは「自分を重視してくれた」と思うかもしれません。しかし、「売上のための行動だ」ということも、同時に必ず伝わります。そして、「商品を買ったら、自分は価値がなくなる」とも感じさせてしまうのです。

もし私だったら、こんな場合、「家族と約束があるので、よければほかの日にしてもらえませんか」と、お客さまに聞いてみます。

相手が誰であっても、先に入っている予定をきちんと優先させるのです。

そして、もしお客さまが、「どうしても、その日じゃなければ予定が立たない」というのであれば、そのとき初めて、先に約束している人に日程を変えられるか確認します。

**プライベートと仕事を1つの手帳に書き込み、相手が誰であれ、先に入った予定を優先する。**

**こうすることで「お客さま＝お金」という考えを、少しずつ変えていくことができるのです。**

# 5

# 自分が扱う商品の価値は自分で見つけ出す

「なぜ、売上が上がらないんだと思う？」

パワーセールスをしている営業マンにこう聞くと、商品のせいにする人が多くいます。

「他社に比べて、商品がイマイチだから」

「今の機種は人気がないいんですよ」

でも、「じゃあ明日、私が売ってきたら、１００万円の罰金払ってくれる？」と言うと、全員が言葉に詰まるのです。

パワーセールスのステージにいる営業マンは、お客さまを「売上をつくるための道具」と考えているだけでなく、自分が売る商品も「お金を稼ぐ手段」としか思っていません。決して「いいものだから売りたい」とは考えていないのです。

でも、もし「お客さまが友達」であれば、「いいもの」でないと、勧めたくはないですよね。

では、買っていただくためには、自分の扱う商品を替え、勤務する会社を変えなければならないのでしょうか？

いいえ、そんな必要はありません。

私は、この世の中に値段がついて販売されているもので、「いいもの」でないものは存在しないと考えています。

1粒のお米は、農家の方が時間をかけて育てて刈り取り、脱穀《だっこく》してくれるからこそ、炊くだけで食べられる状態で手に入ります。ノートの1ページだって、1枚のティッシュペーパーだって、なければ皆が困るものなのです。

また、たとえ、同じような性能の商品が巷《ちまた》にあふれていたとしても、必ず、1つひとつに何らかの特徴があります。ただ、売る側が、その価値に気づいていないだけであることがほとんどです。

**自分が扱っている商品を、一度、隅から隅まで確認してみましょう。必ず1つは、「これなら、どこにも負けない」というポイントがあるはずです。**

振り返れば、大手都市銀行に勤務していた最初の頃、やはり私もパワーセールスのステージにいました。

融資の提案に行っても「用がない」と断られ、1時間の予定が10分で終わってしまう。仕方がないので、喫茶店に入って時間をつぶすこともありました。

あるときふと「このままじゃいけない！」と思った私は、自分が扱う融資の内容を調べ尽くし、ついに「中小企業の社長さんだったらコレ」というパターンを見つけ出したのです。

それからは自信をもってそのパターンを勧めることで、ついに新規獲得件数で日本一になりました。

扱う商品がいいものだと信じ、よい点をしっかり説明できるようになると、売上はグンとアップします。

ただし、営業の方法は、あくまでもパワーセールス。さながらそれは、「スーパーパワーセールス」と呼べるようなものでしょう。

「売れるのであれば、スーパーパワーセールスでよくない？」

そう、あなたは思うでしょうか？

しかし、どれだけよい商品を扱っていても、パワーセールスはあくまでも「説得して売る」やり方です。毎回、情熱を込めて説明するには、体力、気力が必要ですし、説明できるお客さまの数も、物理的に限界があります。

また、お客さまは単純に、「モノが気に入った」「値段が安い」という理由から購入しているのです。そのため、ほかにもっといいもの、安いものがあったら、あっさりと乗り換えられてしまいます。

どんなに売上を出しても、パワーセールスでいる限り、永遠に新規のお客さまを求めて動き回らなければいけなくなるのです。

6

# 10秒で価値を伝えられれば
# お客さまの心に響く

「ステージ①パワーセールス」から次の段階の「ステージ②行動力セールス」に上がるために必要なことがあります。

「商品についての特徴を見直す」ことをしたら、自分が扱う商品やサービスの特徴を書き出し、さらにその特徴を「お客さまから見た〝得すること〟」に転換してみてください。

**つまり、あなたが紹介したい商品やサービスの特徴、つまり「特別」が、お客さまにとっての「特別」にならないか考えてみるのです。**

人がものを買うプロセスにおいて、妨げとなる要因に、次の「4つの〝不〟」があることは、第2章でお話しした通りです。

①不信（信頼できない）
②不要（必要ない）
③不適（自分にはあわない）
④不急（今はいらない）

このうちの、最大の障壁である①「不信（感）」を取り除き、お客さまに話を聞いてもらうのが、あなたが持つ「特別」でした。

それに対し、②「不要」③「不適」④「不急」を除くために役立つのが、商品やサービスの持つ特徴、すなわち「特別」です。

たとえ1本の鉛筆でも、その特徴をお客さまの「特別」に変えることは可能です。

## 消しゴム付き鉛筆の特徴→お客さまにとっての「特別」

・芯のまわりを木で覆っている　↓　いつでも削って芯を書きやすく尖《とが》らせることができる
・消しゴムが付いている　↓　間違えたとき、その場ですぐ消してやり直せる
消しゴムは金属で取り付けられているので、転がってなくなることがない
・鉛筆の外側が黄色く色付けられている　↓　机の上に置いていてすぐ目につく

こうした多くの「特別」のなかから、そのお客さまにとってどれがいちばん役立つかを考え、伝えていくことが購買につながるのです。

1つ例を紹介しましょう。

オンラインゲームが大好きで、その世界では「神」と呼ばれるほど、実力があるYさんという保険営業マンがいます。

Yさんは、「ゲームのオフ会」と称して、同じ趣味の仲間としょっちゅう飲み会を行っていました。

あるとき、Yさんの仕事に興味を持った1人の男性に、保険の説明をすることになっ

た彼は、次の通り保険の「特別」を説明しました。

「保険って、掛け金を損しているイメージがありますよね」

「でも、僕らが扱っている商品はすべて掛け金が全額戻ってくるんです」

「そのうえで、しっかり保障もついているんですよ」

話を聞いた男性は、常々「毎月3万円も払っている保険料がもったいない」と感じていたので、とても興味を持ち、Yさんから保険を購入することになったのです。

Yさんは、そうして自分の「特別」に、お客さまにとっての「特別」をプラスすることで、日本でもトップクラスの成績を上げることに成功しました。Yさんが説明したのは保険の機能の貯蓄という部分でした。

保険にはもちろん掛け捨てのタイプの商品もあります。ただし、Yさんは、このお客さまが得だと感じるのは保険の機能のうち、どの部分かを考え、貯蓄は損しない、つまりお得だと考えたわけです。そこで、「つかみ」のトークで「全額戻ってきますよ」と説明し、保険を「特別」にしたというわけです。

7

# 堂々と「営業の話です」と言ってみる

「ステージ①パワーセールス」から「ステージ②行動力セールス」に段階を上げる練習として、「必要とされるところで売る」方法があります。

それには、アポイントを取ったときから「営業の話です」と相手に伝えることが必要です。

もちろん、やみくもに「営業です」と言ったのでは、相手に断わられてしまいます。

そこで、まずは自分の扱う商品の価値を見出し、特定のターゲットを絞ってから、営業をするのです。

たとえば、こんな具合です。

「30代で結婚している働く女性に、家事の手間を省く商品があります」

「工場の電気代を少しでも節約したいと考える方にオススメしたい設備です」など。

最初からそんなふうに絞り込めば、興味がない人はすぐ断ってきます。

「必要ない」と言われたら、あっさり引き下がればいいのです。


絶対、やってはいけないのが、「すごい人がいるんだけど紹介します」とか、「面白いイベントがあるんですよ」などと、目的を隠してアポイントを取ろうとすることです。

私のところにも、以前にものを購入した会社から「今週末、スペシャルグッズを差し上げるイベントを開催します」などといった案内がくることがあります。

話を聞いてもらうきっかけをつくろうとしているのでしょうが、誘われた人は、営業の話だとわかったとたんに「だまされた!」と感じ、マイナスのイメージを抱きます。

よほど強い「鉄のメンタル」を持っている人であれば、イベントに行ってグッズだけもらって帰ってくることもできるでしょう。でも、多くの人は「グッズをもらったら、話くらい聞かないと悪いな」と考え、説明を受けます。

もしこのとき押し切られて契約してしまうと、「買わされた」という印象が刻み込まれ、次からは2度とイベントに行かず、商品の購入も控えるかもしれません。

それどころか、まわりの人にも「あそこには行かないほうがいいよ」「あそこの商品は買わないほうがいいよ」と、口コミしかねません。

**一度でもだまされた相手を人はそう簡単に信用しません。**

そうならないために、「パワーセールス」から「行動力セールス」の間はお客さまに「こんな『特別』を持った商品があるので営業させてください」と爽やかに言ってしまうことが大切です。

グッズやイベントで集客するくらいなら、その日は営業せず、「次回は、営業の話を聞いてください」とアポイントを取り直すほうがいいでしょう。

8

# 商談は「モデルとコンパ」と同じ心意気で

「パワーセールス」のステージにいる営業マンは、「売りたい」「買ってほしい」という気持ちが前面に出がちです。

思いが先走ってしまうと、お客さまが引いてしまいます。そうならないために、ちょっとしたテクニックをお教えしましょう。

それは「お客さまと会うときは、モデルさんとのコンパだと思って行く」ということです。

男性であれば女性のモデル、女性であれば男性アイドルなどを想定するといいのではないでしょうか。

これは冗談ではありません。

ちょっと考えてみてください。

もし、あなたが「全員モデルの飲み会」に誘われたら、どう思いますか？

単純にうれしいですよね。

「会えるだけでラッキー」と思うのではないでしょうか。

お客さまに対しても、同じように「会ってくれるだけでありがたい」「時間を使ってくれることに感謝」と思って会いに行くのです。


これは営業に行く際に、モチベーションを上げるための話ではありません。

あなたはモデルとのコンパに行って、「よし、1人を彼女にしよう」とか、「絶対に、誰かと付き合おう」などと思うでしょうか？

「あわよくば」という気持ちはあるかもしれませんが、そんなにガツガツしていたら、嫌われることくらいわかるはずです。

それなのに、お客さまに対しては「買ってほしい」と意気込んでしまう。ガツガツする気持ちが見え見えでは、お客さまだって引いてしまいます。

**お客さまには、会ってもらえるだけで感謝する。**

**そして、せっかく会ってくれているのだから、「何か喜んでもらえることはないか?」と考える。**

それができるようになると、パワーセールスのステージをすんなり抜け出せるようになるのです。

# 9

# 「サギ営業」に走ると上のステージには上がれない

「ステージ①パワーセールス」の段階から、絶対に「ステージ②行動力セールス」に上がれない営業マンがいます。

それは「サギ営業」をしている営業マンです。

「サギ営業」とは、商品やサービスの内容が実際のものより過剰に優れていると伝えたり、デメリットに触れずによい点だけをアピールしたりして、販売することです。

たとえば「必ず○○が治る」として、売られている健康食品。

知り合いに口コミを頼んで、いい評価をつけているレストラン。

「トレーニングだけでヤセる」と宣伝し、実際は、食事制限なども強要するジム。

「10歳若返る」などと宣伝する化粧品も「サギ営業」の1つだと言えるかもしれません。

もちろん、なかには売っている人間が、「本当にそうだ」と思い込んで販売していることもあります。

でも、その多くは「お客さまも喜んでいるし売上も上がる」と、実際の価値を過大につくりあげていることに目をつぶっているのです。

**サギ営業をしていると、「パワーセールス」の最大の問題である次の2つが解消されるどころか、さらに強化されていきます。**

- お客さまを「商品を買ってくれるためだけの人」だと思っている
- 商品やサービスが持つ、お客さまにとってのメリットを考えていない

そのため、サギ営業をしている営業マンは、絶対に「パワーセールス」のステージから抜け出すことができないのです。

10

# 「特別」を使ってコミュニティをつくる

「ステージ①パワーセールス」から次の「ステージ②行動セールス」のステージに上がるために、最も重要なのは次の2つです。

- 「お客さま」の概念を変えること
- 商品の価値を見出すこと

そのうえで素早くステージを上がるために、どうやって「特別」を使えばいいのかを、ここで説明しましょう。

実は、やるべきことはたった1つ。

**あなたの持つ「特別」に共感してくれる人のコミュニティをつくるのです。**

飲食店を経営し、フランチャイズでそれを拡大させたMさんのお話をしましょう。Mさんは、あるときからトライアスロンにハマり、各地で開催される大会にしょっちゅう出場していました。

大会に参加する顔ぶれはあまり変わらないため、いつしか顔なじみになります。そこで、お互いに「励ましあってトレーニングをしよう」と、SNSでグループをつくったのです。

そして、大会が終わると、必ず「反省会」という名の飲み会を開催します。するとと、自然に「サークル長は、どんな仕事をしているんですか？」という話にもなりました。やがてメンバーに仕事の話をする機会が増え、そのなかから、「自分もやってみようかな」と、フランチャイズに加盟する人が増えたのです。

以前、売上は「3億円くらい」と話していましたが、今では「120億円になったかな」というほど、成果を上げています。

ほかにも、自分でイベントを開催したり、SNSのグループをつくっていなくても、既存のコミュニティに入ってしまう方法があります。

たとえば野球が大好きなWさんは、町内会の草野球チームに入りました。

Wさんは、車の輸入を行う会社の社長。毎週のように野球を楽しむうち、車に興味がある人たちと、話が盛り上がるようになりました。

「えっ、あの車、手に入るの？　ならば、Wさん、お願いします」と、頼まれることが増え、どんどん売上を伸ばしていったのです。

コミュニティに属することで、「特別」を通じてあなたという人間を知ってもらうことができ、信頼関係が構築され、いざ必要になったときに頼ってもらえるようになります。

「○○さんにお願いすればいい」と言われるように関係を築いておきましょう。

11

# 「特別な場」を設けて連絡先を渡す

パワーセールスをしている人は、「自分から働きかけないと誰も買ってくれない」と思いがちです。でも人は、「売りつけられる」と感じると、心理的に拒否したくなります。

その一方で、自分を「商品を買ってくれるだけの人」として扱わず、1人の人間として友人のように扱ってくれる人の話であれば、「きちんと聞いてみよう」と思ってくれるのです。

**「特別」を共有するコミュニティの力は絶大です。**

**「特別」を使ってコミュニティをつくった営業は、例外なく数か月以内に、圧倒的な**

## 売上をつくっています。

欲しいものがあると、クレジットカードを使い、借金をしてでも買ってしまうクセがあった、Kさんという営業マンがいました。

いつのまにか借金は200万円に膨れあがり、家賃を払うのも難しい日が続いていました。

そこで彼は、猛烈に反省をして、ムダな買い物をストップ。

借金を返済した後は「お金のことをもっと知りたい」と、保険の営業をするようになりました。

Kさんはその後、「ほかの人にもお金に賢くなってもらいたい」と、自分の経験を活かして、お金に対する知識を学ぶセミナーを開催し始めます。

1回目に集まったのは、友人の奥さんなど、たった4人。でも、彼の話は「面白い！」と評判になり、口コミでどんどん参加する人数が増えていきました。

その「面白い」という評判のセミナー、Kさんは保険の話などまったくしません。

ただセミナーの後、「個別で話を聞きたい人は、連絡先を残してください」と言って、メールアドレスや電話番号を聞くだけ。その後に機会があれば、1人ひとりに合った保険を勧めます。

この方法で、1年もしないうちに年収が5000万円を超えたのです。

Kさんの例は特殊かもしれませんが、もう1つ、「自分の〝特別〟は何?」と考えたことで、売上をアップできた女性をご紹介しましょう。

30代の彼女にとって、好きなことと言えば、「寝ること」。「いくらなんでも、〝寝る〟ことが特別には、なり得ないのでは?」と思うでしょうか。

その女性、Iさんも、最初はそう考えていました。

でも、寝ることが好きでたまらず、私の研修を受けてからは、「もっとたくさん寝るためにはどうしたらいいか」をひたすら考え続けたのです。

さすがに「寝るだけのコミュニティ」はつくれない。

でも、ほかに共通点がある仲間はいないだろうか。

そう考えたときにIさんは、大学の同級生、数人から「彼女がいないから、女の子を紹介して」と言われていたことを思い出したのです。

実はIさんは有名国立大学の出身。同級生の男性を集めてコンパを開けば、女性が集まるはず……。

そう考えて、1回に男女10人を集めた合コンを開催。

そして全員と連絡先を交換し、終わった後の感想を聞くついでに、「保険で困ったことがあったら連絡して」と伝えたのです。

たったこれだけのことでIさんの売上は、1か月後にそれまでの2倍になり、3か月後には5倍にアップ。

半年もしないうちに会社に毎日出社しなくてもすむようになり、思う存分、寝ることができるようになりました。

好きな「寝ること」が、成績を上げる動機になったのです。

12

# 趣味の集まりでは仕事の話は絶対にしない

「車」「お酒」「野球」など、好きなことが共通している仲間同士というのは、心も開きやすくなります。

ただし、「そこで営業すればいいんですね⁉」などと考えてはいけません。

**ここで気をつけてほしいのは、「絶対にコミュニティに仕事の話を持ち込まないこと」です。**

こちらから営業の話を切り出さなくても、何度も顔を合わせるようになれば、自然と「仕事は、何をやっているの？」という話になります。

そんなとき「車の営業なんだ」「オフィス家具を売っているんです」と、自分の職業を答えるのはかまいません。

それでも、必ず「今日は、野球を楽しみにきているから、仕事の話はまた今度」と、さっと切り替えてください。

**コミュニティ内で営業しないことで、「人と人とのつながりを大事にしている」と、まわりには感じてもらえます。**

1人の人間として信頼されれば、自分から売り込まなくても、「話が聞きたいんだけど」と、相手の側からもちかけてくれるようになるのです。

もう1つ、「パワーセールス」のステージにいる人がやりがちな間違いがあります。

それは、「コミュニティ全員にセールスをしようとすること」です。

相手が興味を持ち、本当に相手のためになると思った場合に、商品やサービスを紹介するのはかまいません。

でも「気を許してくれた」のは、商品に関心があるのとは違います。「パワーセールス」のステージにいる人は、その点を勘違いしないようにしなければなりません。

# 13
# 「特別」がないなら「特別」をつくればいい

第2章にある「あなたの『特別』を見つけるチェックリスト」（49ページ）には、挑戦されたでしょうか？

そこで、「やっと自分の好きなことが見つかったばかり」という人であれば、コミュニティをつくったり、それに参加したりなど、まだまだハードルが高く感じるかもしれません。

そうであれば、まずは自分の「好きなこと」をする時間を増やし、知識や体験を深めながら、同時に「特別をつくる」ことを考えてみましょう。

あなた自身がまだ「特別」を持てていないときは、相手にとって「特別な存在」になれるように工夫するということです。

まず、お客さまに会いにいくときは、そのお客さまの好きそうなもの、気に入りそうなものを、手土産として必ず持参するようにしましょう。

金額は問題ではありません。

あなたがどれだけ相手のことを気遣っているかを伝えるのが目的ですから、ささやかなものでいいのです。

**営業の仕事の本質は、「相手が望むこと、そして、喜ぶことを実現する」でした。だから、ありきたりの箱菓子などではなく、相手が「好きだ」と言ったもの、もしくは、朝から並ばないとなかなか手に入らないものなどを選びましょう。**

私がよく「特別を見つけられない」という営業マンにやってもらうのが、お客さまの似顔絵シールをつくったり、会社の創立記念日や運動会などのイベントのときに、会社のロゴ入りチョコをつくることなどです。

あるときは大口の契約を獲得した営業マンに、相手先の社名と社長の似顔絵が入ったポロシャツを、社員全員の数だけつくるよう提案しました。

彼がサンプルを渡すと、社長は「こんなの、誰が着るんだよ」と言いながら、実にうれしそう。

あとから聞くと、決起集会のときに、社員全員に配って身につけさせたそうです。

そんなふうに「相手の特別」から考えていくのも、自分のステージを上げる方法なのです。

# 第5章

営業ステージを上げるためにやるべきこと②

# 営業マンの3割が間違いがちな時間と自分の使い方を知る

この章でお話しするのは……
ステージ②行動力セールス

# 1

# 予定がびっしり＝売れる営業マン、ではない

２段階目の「ステージ②行動力セールス」にいるのは、営業マン全体の30％ほどとお話ししました。営業として、グングン成果が出るようにもなってくるのもこのステージです。

なかには、社内でトップセールスと呼ばれる人も出てきます。どうしてそこまでうまくいくようになるかといえば、お客さまを単なる「買ってくれる人」として扱わなくなることで、今まで以上に信頼されるようになるからです。

自分が扱う商品の価値を見つけ出し、必要とされるところに営業することもできるようになります。

そして営業は、「やればやるほど売上が上がる」ことを実感する……。

だから限界まで、お客さまと会う量を増やそうとしてしまうのです。

「行動力セールス」のステージにいる営業マンの口ぐせは「忙しい」。実際に、朝から晩まで手帳に予定がびっしり詰まっています。

「行動力セールス」のステージにいる営業マンがやりがちなのは、「マニュアル型セールス」です。

ほとんどの人が「パワーセールス」から抜け出すときに、「こんなお客さまにこうやって売る」という、自分なりの営業パターンを見つけています。そのため、それ以外のやり方をして失敗するのが怖くなり、自分がつくったマニュアルに固執しようとします。

たとえば、ある不動産賃貸会社の営業マンは、「部屋を借りたい」と言う人に、「そこそこの物件」↓「いい物件」↓「人気がない物件」の順番で見せると決めているといいます。

「すると多くの人は2番目の部屋を選ぶ」という、自分なりのマニュアルになっているわけです。

また、「だんなさんが亡くなった後の保障が手厚い保険を、30～40代の女性だけに売る」と決めて実践していた営業ウーマンもいました。

自分なりのパターンを見つけた「行動力セールス」のステージにいる営業マンは、自分の営業スタイルに合う人に出会うまで、ひたすら行動します。

そして「できるだけ多くの人に会えば、成約できる人の数も多くなる」と考えて行動し続けるため、どんどん忙しくなってしまうのです。

忙しくしていると、無意識のうちに、お客さまの存在までマニュアルの一部として、パワーセールス同様に商品を買ってくれる道具のように考えてしまう人がいます。

そうならないために、**意識して時々立ち止まって、自分がお客さまについてどこまで知っているか、確認してみましょう。**

**お客さまについてあまり知らないようであれば、危険な状態です。**

仕事以外の会話をしてお客さまについて知る時間を増やしましょう。

## 行動力セールスの特徴

■営業すればするほど売上が上がる

■自分なりの売り方、マニュアル、スタイルを確立している

■自分のスタイルに合うお客さまに出会うまでが勝負だと考えている

■朝から晩まで予定がびっしり入っている

■「忙しいことはいいことだ」と考えている

■プライベートの時間、自分の大切な人に割く時間を奪われていることに気づいていない

# 2

# 営業はやればやるほど結果が出せる!?

「行動力セールス」のステージにいる人に共通するマインドの特徴は、「忙しいことはいいことだ」と思っていることです。

**また、お客さまのなかにも「忙しい営業マン」を好むタイプがいます。なぜなら「忙しい=優秀」だという図式が、頭にインストールされているからです。**

「行動力セールス」のステージにいる営業マンが出会うお客さまは、ほとんどがこのタイプ。そのため、さらに「忙しいのはいいこと」という考えが、営業マンの頭に強く刻まれてしまうのです。

「行動力セールス」のステージにいる人は、私生活を犠牲にしてまで、ひたすら働こうとします。

「自分が忙しく働いているからこそ、家族を養える」と、家庭を顧みず、離婚が多くなるのが、実はこのステージです。

さらに、自分が「ひたすらお客さまに会うこと」で売上をつくってきたため、上司になると部下にも同じスタイルを強要します。

部下に嫌われたり、もっとひどくなるとパワハラだと訴えられてしまいがちなのも、このステージです。

私も大手都市銀行に勤めていた後半の2年間は、「行動力セールス」のステージでした。

「中小企業の社長さんならこの融資」「借り入れに興味がない人には後継者探し」など、いくつかのパターンを決め、そのスタイルに合う人に出会うまで、ひたすら営業を続けたものです。

そのため、どんどん忙しくなり、終電で帰り、翌朝の始発で出勤することもしょっちゅう。家に帰って、パソコンの前で仕事の残りを片付け、そのまま机で寝てしまうこともありました。
それでも、昨日と同じ服装では出勤できないので、ネクタイだけ替えていく。
営業成績は悪くない。
「デキる営業マン」として認められつつある……。
しかし好きな草野球もできない日が続いたある日、「忙しいのは、自分にとってい
いことなのだろうか？」「自分の人生、このままでいいのだろうか？」と、疑問を持
ち始めたのです。
高校や大学の同級生、または野球のつながりの友人とは何か月も会っていない。
普段、接しているのは仕事関係の人ばかり。週末、急に時間が空くことがあっても、
誰を誘っていいのかわからない……。
60歳になったとき、このままで後悔しないだろうか？
そして、悩んだ結果、転職を決意したのです。

# 3

# お客さまの数が減っても売上はアップできる

皆さんは、「今の方法」のほかに、「忙しくしなくても、売上が上がる方法」があったら、どちらを選びますか？

「行動力セールス」のステージにいる営業マンは「お客さまに会う数を減らしたら成績が落ちる」という恐怖を感じています。

そのため、あらゆることを犠牲にしてまで、仕事を優先しがちです。

ですが実際は、ひたすら数を追いかけても、成果には限界があります。

もっと数を減らしても、ずっとよい成績を上げることはできます。

そのためには、「忙しいのはいいこと」というマインドを根本から変えなければなりません。

「あなたはなぜ、忙しく働くのか？」

そう問いかけたら、ほとんどの営業は、「収入のため」と答えるでしょう。

では、「その収入は誰のためなの？」と聞くと、「家族のため」とか、「自分やまわりの人の生活を豊かにするため」などと答えます。

私に相談に来る営業マンの多くは、ここで間違った行動をとっています。

そんな1人、Sさんも、何週間も前から決まっていた彼女との予定をキャンセルして、お客さまとのアポイントを入れていました。

「僕が稼がないと、彼女をご飯に連れていくことも、プレゼントを買うこともできないじゃないですか」とSさん。

私は「彼女が不幸だから別れたら？」と言いました。

ビックリしているSさんに、「仕事は、彼女のためというなら、予定はブロックするべきだろう」と言うと、Sさんは「でも、お客さまが減るのが怖いんです」と言います。

**しかし、お客さまの数は減っても、売上がアップする方法は存在するのです。**

「行動力セールス」のステージにいる人は、本書を読み、そのことを知ってマインドを切り替えてください。

また「稼いでいても忙しくない人」という視点で、まわりの営業をじっくり観察してみてください。

必ず1人や2人、「人生が仕事オンリー」ではないのに、収入がいい人がいるはずです。そして、「なぜ、その人は、忙しくないのに稼いでいるんだろう？」と、考えてみましょう。

# 4

## 契約を更新されず給料がなくなってしまった!

私の研修を受けて「パワーセールス」のステージから「行動力セールス」のステージに移行した、女性の保険営業、Eさんのお話です。

Eさんは、企業で「お金の相談セミナー」を開催し、「お金の専門家」として信頼してもらうという営業手法を考え出しました。

その方法はとてもうまくいき、どんどん契約を増やしていったのです。

すぐに1か月で40件以上、年間480件も成約できるようになったとき、私は心配になり、「ちゃんと、お客さまのケアはできている?」と尋ねました。

1か月で40件とすると、週末を除き、1日2件の契約をしていることになります。

これでは「契約してくださった方をフォローする時間ができないのではないか？」と、少し疑問に感じたのです。

Eさんは、「ちゃんといいものを選んでいるから大丈夫。1年に何度も会う必要など、ないでしょう？」と、私の言葉を意に介しませんでした。

ところが、ほかの会社の営業が同じ企業を訪ね、同じように社員の財テクに効果的な別の商品を紹介したところ、あっという間にそちらの商品に乗り換えられてしまったのです。

しかも、Eさんには何の相談もなく、一方的に「継続（契約の更新）をしない」という内容を伝える書類が送られてきただけ。

なぜなら、お客さまは「Eさんだから」買ったわけではなく、あくまで「自分にお得な商品」だから契約しただけ。「もっとお得なもの」があれば、すぐそちらに乗り換えるでしょう。

Eさんは、あっという間に売上を失い、一時は150万円あった月収が10分の1の15万円まで落ち込んでしまいました。

もう1つ、「行動力セールス」をしていた35歳男性、Fさんの例をお話ししましょう。

Fさんは私の同僚で、Eさんと同じように自分なりの成約パターンを見つけると、面白いように契約が取れるようになりました。そのため、土日も休まず、家族と会う時間が減っても、「大丈夫です、仕事ですから。わかってくれています」と言い、ひたすら営業を続けています。

そんなある日、私のところに「保険の見直しをしたい」と相談に来た女性がいました。今、加入している保険を確認すると、金額も種類もライフスタイルに合っているので、私は「変える必要はないのでは？」と伝えたところ、なんとこの女性は、Fさんの奥さんの友人とのことで「保険はそのままでもいいから、担当を替えてほしい」と言います。「Fさんが家庭を顧みず、奥さんがかわいそうだから」と。

私はFさんに、この事実を伝え、「どうしたらいいのか」を尋ねました。でもFさんは、「仕事ですから、仕方ないですよ」と。

そして何も変わらないまま、最終的にFさん夫婦は離婚に至ってしまいました。

Fさんは、今でも「行動力セールス」を続け、ある程度の成績を上げています。営業マンとして売上だけ見れば、成功しているともいえるでしょう。
でも、果たして、そのままでよい人生といえるのか？
あなたはどう思いますか？

5

# 仕事の話抜きでお客さまと会ってみる

「行動力セールス」になると、フルコミッションの営業マンで、数千万円の売上を上げる人も出てきます。企業に勤めているのであれば、「各部署」や「チーム」のエースとなる人もいるでしょう。

そのため「このままでいい」と、自分を変えたがらない人も少なくありません。でも、より上のステージに行けば、「働く時間は少なくなるのに、収入はよりアップする」ようになります。

売上を上げる方法は、シンプルに考えれば、「1件の金額を大きくするか」「件数を増やすか」の2つしかありません。

ところが「行動力セールス」のステージでは、とにかく件数を追いかけているため、お客さまと深く付き合うことがありません。

私も大手都市銀行に勤めていたとき、売るものが住宅ローンにしろ、法人向けの融資にしろ、とにかく数を追いかけていた時期がありました。

そんなある日、お客さまから「借りてほしいときだけ来て、あとはほったらかしだな」と言われていることを知ったのです。

親しく付き合っていると思っていたお客さまだっただけに、私はショックを受けました。

でもそこで、お客さまのフォローにまわって新規の売上を上げなければ、部に迷惑がかかります。部でトップ営業マンとして活躍していた、自分のプライドも傷ついてしまいます。

今から思えば、そんな小さな見栄から「行動力セールス」をやめることができなかったのです。

けれどもそのうち、どんどん「いい加減なヤツ」という評判が広まり、新規で会いに行っても「あ、キミのこと知っているよ」と言われるようになります。

悪いウワサを耳にする人が増えると、新規の売上も頭打ちになりました。

「どうしたらいいのか」悩んだ私は、「行動力セールス」から抜け出すために行動を変えることを決意したのです。

具体的に何をしたかといえば、「仕事の話抜きで、お客さまと会う」ことを始めました。仕事の話抜きで、お客さまに会う。そうは決めたものの、最初は何を話したらいいのかわかりません。

いざ、お客さまと向き合ったものの、照れくさくてとまどってしまうことも、しばしばでした。

そこで自分の「特別」である、野球や車の話をし始めたのです。

さらに、お客さまの好きなことや興味があることについて質問し、耳を傾けました。

時間をかけてじっくり話をすると、相手も少しずつ、私に対して心を許してくれるようになります。そしてコミュニケーションの量が増え、だんだん「こんなことをしたら、お客さまはもっと喜んでくれるんじゃないかな」というヒントが思い浮かぶようになったのです。

**この「こんなことをしたら、お客さまはもっと喜んでくれるんじゃないかな」を見つけていくことこそ、「ギブ&テイクセールス」のステージに行くための、大きな足がかりとなるものです。**

少しずつでかまいません。営業する前後に時間を多くとって、お客さまと仕事以外の話をしてみてください。

そして、慣れてきたら、お客さまの数を半分に減らし、1人ひとりと会う時間を2倍にしてみましょう。

それができるようになれば、1人のお客さまにいただけるオーダーの金額が増え、件数でカバーする必要がなくなってくるはずです。

何人ものお客さまと時間を過ごして気づいたのは、一流のビジネスパーソンほどプライベートを大切にし、必ずプライベートの時間を確保しているということ。

仕事の時間がどれだけ忙しくても、優れた人はさっと仕事モードを切り替えて、趣味や家族との時間を楽しんでいます。

だから私が「お忙しそうですね」と言えば、ほとんどの人が「え、そうでもないよ」と答えます。

経営が順調で多忙なはずの経営者でもそう答えることから、私は「忙しい」ということに、あまり価値はないのだということに気づきました。

「行動力セールス」のステージで成果を出している人は、手遅れになる前に、そのことに気づくべきだと思います。

# 6

# 1日30分をボーッとするために確保する

仕事の話抜きで、お客さまと会う。そうして少しずつ、お客さまと会う時間が長くなってきたら、次は自分のためにも時間をつくってみましょう。

**具体的には、最低でも毎日30分、「何もしない時間」を確保するのです。**

最初は「○時〜○時まで」と手帳に書き込み、必ずその時間は、何の予定も入れないようにします。

「何もしない」のですから、お客さまと会ったり、誰かと話したりはしません。

本を読んだりテレビを見たりもしません。

目や耳などを使って外から入る情報をストップし、ボーッとしてください。

コーヒーを飲んだり、静かな音楽を聴いたりするくらいならいいでしょう。

強制的にボーッとする時間をつくると、最初は落ち着かないかもしれません。

でも、次第に忙しく働いていた脳が休まり、リフレッシュされることがわかるようになります。

脳がリフレッシュされると、その後の時間は、集中力が増して効率は上がります。

常に「忙しい、忙しい」と予定を詰め込んでいたことが、かえって非効率的だったこともよくわかるでしょう。

人間は毎日、頭をフル回転させて、いろいろなことを考えています。

特に「行動力セールス」の人は、ちょっとでもすき間の時間ができると、そこにもアポイントを入れたり、資料を読んだりと、休む間もなく活動しがちです。

けれどもこれは逆効果で、本来であれば考えることをストップしたときに潜在意識が働き出し、思考を整理したり、閃《ひらめ》きを生み出したりという活動が起こっているのです。休まない状態だと、潜在意識が働く間がありません。

私も飛行機や新幹線などで移動するときに、あえて本も読まずにボーッとする時間をつくっています。するとその間に、問題の解決策や気になっていたことのヒントなどが、頭に浮かぶことがよく起こるようになりました。

潜在意識は脳全体の９割を占めると言われますので、この力を活用しない手はないでしょう。

# 7

# 「特別」を活用することを忘れない

「行動力セールス」のステージになった人は、残念ながら「特別」を活かすことを忘れていきます。

どういうことかというと、自分の営業スタイルに合う人を探すのに忙しくなり、「特別」のコミュニティでの活動がおろそかになるからです。

また、好きなことをやる時間も惜しんで仕事をする人もいるでしょう。

でも「忙しいばかりの毎日でいいのか」と思い始めたとき、ぜひまた「特別」を活用してほしいのです。

「行動力セールス」のステージにいる人は、忙しく動き回り、一見すると、成果を出

## 営業としてムダな時間と大切に確保すべき時間

### ムダな時間

- 手帳を何度も確認する
- 特に必要のない資料を作る
- 無意味にパソコンで作業する
- 何かやることはないかとイライラする
- 次の予定が気になってソワソワする
- 興味のない会合（イベント）に参加する
- １時間以上部下と会議する

### 大切に確保すべき時間

- お客さまとゆっくり話をする
- 家族や友人と食事をする
- 次の日の計画を立てる
- １日の反省をして日記をつける
- 好きなことに集中し没頭する
- 何もせずにボーッとする
- 寝る

すために最短距離を走っているように見えます。

でも「行動力セールス」のステージにいる人の時間の使い方には、本人は気づいていなくても、とてもムダが多いのです。ともすれば、確保すべき大切な時間をムダだと考えている節があります。

- 自分のためにボーッとする時間
- 共感してくれる仲間とともに過ごす時間
- 自分が好きでたまらないことをやっている時間

これらは決して、「もったいない時間」などではありません。

それどころか、「短い時間でより多くの成果を上げる」ようにするための、近道となる時間です。

そのことに気づいたとき、**「ステージ②行動力セールス」**から1段階上がり、**「ステージ③ギブ&テイクセールス」**の段階へと進むことができるでしょう。

# 第6章

## 営業ステージを上げるためにやるべきこと③

# 「売る人」から「提供する人」にマインドセットする

この章でお話しするのは……
ステージ③ギブ&テイクセールス
ステージ④コンサルティングセールス
ステージ⑤ファンセールス
ステージ⑥カリスマセールス

1

ステージ③　ギブ&テイクセールス

# 相手にとって価値ある何かを与える

突然ですが今、あなたが100万円を持っているとして、お客さまに、「この100万円をあげるから、100万円の保険に入って」「100万円あげるから、100万円分の商品を買って」とお願いすれば、ほとんどのお客さまが保険に入ったり、商品を買ってくれたりすることでしょう。

実はこれこそ、3段階目、「ステージ③ギブ&テイクセールス」の基本的な考え方です。

もちろん、現金を渡すことなどはありませんが、**「相手にとって、価値がある何かを与えることが売上となって返ってくる」ことを知り、せっせと与えているのが、こ**

**のステージにいる営業マンの特徴です。**

「ステージ②行動力セールス」の段階では、まだ「与えること」が、まわりまわって売上になって戻ってくることを理解できていません。

でも「行動力セールス」から抜け出そうと、お客さまと仕事以外の話をする時間をつくれば、お客さまが本当に求めているものが見えてきます。

そして、お客さまの要望を満たそうとするうちに、なぜか売上が上がることを経験し、「価値を与えると、成果となって返ってくる」ことがわかるのです。

会社全体で「ギブ&テイクセールス」を行い、成功している企業が実際にあります。

建設資材を扱うある会社では、ゴルフ好きの社長さんが営業全員に、「ゴルフのスコアが80を切るまでは営業に行くな！」と言って、会社のなかに練習場をつくり、ゴルフレッスンを受けさせて、上達するまでは、営業に行かせません。

取引先のなかには、必ずゴルフをする人がいます。

営業マンは顧客に「おっ、キミ、うまいね。教えてよ」と言われたら喜んで教え、

「その代わり、仕事をする時間がなくなるので、オーダーをください」と言って、注文をいただくのです。

「価値ある何か」は、相手の役に立つ情報かもしれませんし、人脈かもしれません。

1年先まで予約がビッシリのレストランの席を取ったり、融資を受けたいと考える社長さんに銀行を紹介したりすることも「価値」の1つでしょう。

また、英語やテニスを教えたり、海外大物アーティストのコンサートチケットを入手したりするのも「価値」になります。

試しに、「お客さまのためになること」をやってみてください。

「これをやったら、あのお客さまは買ってくれるかな？」と、心のなかで思っていることでいいのです。

必ず思いもかけない形で、売上となって戻ってくることがわかります。

## 2

# お客さまの喜びが売上になる

「ステージ③ギブ&テイクセールス」にいる営業マンは、「営業とは、価値を与えること」だと考えています。

そして、その考えどおりに、与えることで売上を手にしています。

私が保険会社に転職したばかりの頃は、「ギブ&テイクセールス」のステージでした。

当時やっていたことは、大手都市銀行に勤務していた経験を活かし、中小企業の社長さんに、資金繰りの改善策を提案すること。

その見返りとして、「きみのおかげで余裕資金ができたから、保険に入ってあげるよ」と言ってくださった方に買っていただいていました。

**「ギブ&テイクセールス」のステージに達すると、「お客さまを説得しなければ！」「もっと、たくさんのお客さまに会わなければ！」といった、「パワーセールス」や「行動力セールス」で感じる精神的なプレッシャーから解放されます。**

その点で、日々の仕事で感じていたストレスは激減するでしょう。

ただし、「ギブ&テイクセールス」をしている人の特徴は、常に「自分の与えたことが、売上となって戻ってくる」のを期待している点です。

実際、私もずっと「このぐらいやったら、2〜3万円の保険に入ってくれるかな？」と考えながら、様々な提案をしていました。

実はこれこそ、次の「ステージ④コンサルティングセールス」との最大の違いです。

「コンサルティングセールス」になると、人の役に立てることが純粋な喜びとなり、自分の仕事に関係なく、人のためにできる限りのことをしようと考えます。

「ギブ&テイクセールス」のステージでは、気持ちはラクになっても、行動する量がさほど減るわけではありません。

なぜなら、与え続けなければ売上が下がるため、ひたすら「ギブ」し続けようとするからです。

つまり、ストレスは減っても忙しさはさほど減るわけではない、ということになります。

「ギブ&テイクセールス」は、営業マンとしてお客さまの喜びが営業成績を上げることを学び、自分がお客さまの役に立っているということを初めて実感できるステージです。

行動力セールスと同様に営業成績を上げることに主眼があるため、営業成績に結びつくことしかやりたくないと思っています。最初のうちはそれでかまいません。そのうち、お客さまに喜んでもらった分だけ営業成績が上がることが楽しくなっていきます。

この経験の積み重ねで、頼られる営業マンになり、次のステージに上がっていくのです。

# 3

# お客さまに「買いたい」と言われても断る

私が行っていた「資金繰りに悩む社長さんに改善策を提案する」という「ギブ」は、資金繰りが悪化している企業にしか通用しません。

そこで私は、「経営状態がいい会社は、ほかにどんなことに困っているんだろう」と考えるようになりました。

そんなことを考えながらお客さまと話をしていると、相手も何かを感じるのでしょうか。様々な悩みを打ち明けられるようになってきました。

「後継者がいない」「社員が居着かない」などの人の問題から始まり、「新商品が売れない」「本社ビルを引っ越したい」、さらには「ゴルフに行く相手がいない」「野球をするメンバーが集まらない」など。

「ゴルフに行く相手がいない」などの問題は、解決してあげたからといって、保険に入ってくれるとは考えにくいものです。

ですが、「とりあえずお客さまにとって役に立つこと、できることをしていこう」と、私は行動を始めました。

これが、次の「コンサルティングセールス」のステージへと進む、大きなきっかけとなったのです。

「ギブ&テイクセールス」をしていることを意識するようになると、お金のためにしか動いていない自分に気づきます。

そして、だんだんとそんな自分が嫌になり、営業に関係のない、つまり、仕事だけの付き合いではない、人と人としてお客さまとお付き合いができるようになりたいと思い始めます。

それにはまず、営業マンではなく1人の人間としてお客さまにも認識してもらわなくてはなりません。

お客さまのなかから、最初は1人か2人かを選び、あえて「この人には絶対に売らない（売りつける行動をしない）」と決め、お客さまの望むことだけをやり続けるようにします。

すると、必然的にだんだんと関係が深まり、その結果、あなたの仕事に関する分野すべてを任されるようになったり、大切なご友人を紹介してくださるほどに信頼されるようになったりします。

**大切なのは、「営業することは忘れて、ひたすらその人の悩みや問題を解決してあげる」ということに徹すること。**

**「売ってほしい」と言われても売りません。**

関係ができてくると、お客さまが気を遣って「せっかくだから、ちょっとくらい買うよ（付き合うよ）」と言って、安価なものを買ってくれようとすることがありますが、このときはしっかり断りましょう。そして、「お付き合いで買っていただくわけにはいきません。お気持ちだけで十分です」としっかり伝えてください。

するとお客さまも、本当に欲しいものは何か、自分にとって価値のあるものは何かを真摯に考え、「これはいいものだから、ぜひ買いたい」と注文を出してきます。

これはつまり、1人で買ってくれる単価がアップするということ。

そんなお客さまの人数が少しずつ増えると、「ギブ＆テイクセールス」の特徴である「たくさんの人に与え続けないといけない」という忙しい毎日からも、解放されるのです。

## 4

# 「特別」を磨き上げると1億円の壁が越えられる

「特別」を使えば、たとえ「ステージ①パワーセールス」でも「ステージ②行動力セールス」でも、「ステージ③ギブ&テイクセールス」でも、やり方によっては数千万円の年収を得ることが実は可能です。

ただし、「たくさん稼ごうとすればするほど、大きな負担がかかる」ことは、すでにお伝えしたとおりです。

さらにいうと、この3つのステージでは、年収1億円を稼ぐことは、できなくはないのですが、非常に難しい。

ところが「ステージ④コンサルティングセールス」になると、仕事をする時間は短くなるのに、収入には限界がなくなります。

もちろん、1億円を稼ぐことだって難しくありません。


1億円の壁を突破するためにはどうしたらいいのか。

それは、「ステージ③ギブ&テイクセールス」のステージを抜けて「ステージ④コンサルティングセールス」のステージに移り、**あなたが持つ「特別」を磨き上げることです。**


「はじめに」でご紹介した、元プロテニスプレーヤーの男性は「売上を上げる！」と決意したとき、最初の1か月は仕事に行かずテニスに没頭しています。

私自身も、野球の監督として、秋リーグは1か月間いっさい仕事をしませんでした。

そのおかげでチームは優勝し、翌年になると様々な分野の人から「会ってほしい」と声がかかるようになったのです。

そのくらい「特別」を磨き上げることは、1段上のステージに押し上げてくれる原動力になります。

シンプルですが、とても強力なパワーとなるのが、あなたの「特別」なのです。

とはいえ、会社勤めの人にとって、まるまる1か月も仕事をしないでいられる状況は少ないでしょう。

だからと言って何もしないままでは営業成績が上がるほどの強みにすることはできません。

まずは思い切って毎日2時間、必ず、自分の「特別」に注ぎ込む時間をつくってください。

この勇気は非常に大切です。

「毎日、必ず、2時間は好きなことをする！」と決めて、実践するのです。

そして、最低でも3か月は、2時間の「特別」を続けます。

もしかしたら、一時的に仕事の効率や成績は下がるかもしれません。

でも、「特別」を極めようと打ち込んでいるあなたは、イキイキとしているはずです。

人生を楽しみ、自信と好奇心にあふれているあなたに、魅力を感じる人は増えるでしょう。

その魅力こそ、1億円の壁を越える力を高めることにつながるのです。

# 5

# 「与える」ときも自己紹介は忘れずにする

「ギブ&テイクセールス」のステージにいる営業マンが、やりがちなミスがあります。それは「与える」ことに気を取られすぎて、自分の正体を相手に伝え忘れてしまうことです。

保険の営業マンであるGさんの話をしましょう。

彼の「特別」は野球。地元の草野球チームに入り、毎週末は必ず試合に参加しています。

高校、大学と野球部だったGさんは、草野球チームではヒーローです。ヒットを量産し、これまであまり勝てなかったチームに、いくども勝利をもたらしました。

また、チームのメンバーとも仲が良く、しょっちゅう一緒にプロ野球の試合観戦に行っては、「今のボールはこうだったから、バッターはこうして打った」などと解説して喜ばれています。

それなのに、まったく営業成績が上がりません。

「辻盛さん、なんででしょう？」と相談に来たGさんに、私は聞きました。

「みんな、Gさんが保険の営業マンだって知っているの？」

そう聞くと、なんと「知らないっす」と答えるではありませんか。

チームの皆を楽しませよう、喜んでもらおうとするあまり、自己紹介がおろそかになっていたのです。

もちろん、これまで述べてきたように、野球をしているときに営業をするべきではありません。

**でも「自分は保険の営業マンだから、何かあったら声かけてくださいね」ということくらいは、伝えておかなければならないのです。**

自己紹介はどんなときも忘れずに行いましょう。

「ギブ&テイクセールス」のステージにいる人にもう1つオススメしたいのは、「特別を増やす」ということです。

多くの人には「スポーツだったら野球」「お酒だったらワイン」「外国だったらスペイン」など、分野によって様々な「好きなもの」があります。

つまり、「特別」があればあるほど、共感してもらい、できることを与えるチャンスが増えるというわけです。

すでに見つけた「特別」を磨き、仕事で活用できるようになったら、次に「興味があるもの・こと」、「面白そうだと思うもの・こと」を探し、深めていきましょう。できれば他のジャンルのものがオススメです。これを繰り返すことで、多数の「特別」を身につけることができます。

たとえば今のあなたの「特別」がサッカーで誰にも負けない活用法を身につけたなら、将棋にチャレンジしてみる、といった具合です。通勤中、電車の中で将棋の本を読む、ゲームをするなど、少しずつ時間を見つけて極めることで別の「特別」をつくることができます。

「特別」があるほど、強みも増えます。楽しみながら身につけていきましょう。

6

ステージ④　コンサルティングセールス

# お客さまの問題を解決することが喜び

「ステージ③ギブ&テイクセールス」の段階を抜けると、次は「ステージ④コンサルティングセールス」、第3章でお話ししたように「すべての営業に目標としてほしいステージ」になります。

「コンサルティングセールス」のステージになると、営業はもはや、商品やサービスを売り込むことに、ほとんど興味がなくなります。

人から相談を受けたとき、「その人の問題を解決するために、自分の扱うものがいちばん相応しい」という場合に購入をオススメするだけで、十分な売上が成り立つからです。

「コンサルティングセールス」のわかりやすい例を1つあげましょう。

あるとき私のところに、商売がうまくいかず、この先存続できるかどうかの瀬戸際まで追い詰められた社長が相談に来ました。

詳しく話を聞くと、「新たな取引先が見つかりそうなので、銀行から融資さえ受けられれば、持ちこたえられる」ということです。

そこで私は、融資の受け方についてアドバイスをしました。

無事、融資がおりて、当時は1億円くらいだった売上が1年で12億円まで増え、会社は急成長。「よかった、よかった」と喜んでいると、数か月後に、この社長のお兄さんから連絡がきました。

「弟の話を聞き、お礼をしたい」

そう言って、いくつもの大手企業を紹介してくれたのです。

この話は、目に見える利益が増えたと喜んでもらえたことで、私も豊かになれた例です。

でも、たとえあなたの「特別」が、お客さまの金銭的な問題を解決するものでなくても「コンサルティングセールス」になることはできます。

ゴルフが大好きで年間３００ラウンド回っている、Ｊさんという高級外車販売の仕事をしている営業マンがいます。

Ｊさんは、ゴルフのプレイはさほど上手ではないのですが、ゴルフが大好きすぎて、熱心にゴルフ関係のいろいろなことに取り組んでいるために、プロゴルファーやゴルフ用品のメーカーに知り合いがたくさんおり、様々なゴルフイベントを開催しています。プロゴルファーと一緒にラウンドを回る会やゴルフクラブの試打会など、要はお客さまがゴルフを上手になる手助けを毎日しているのです。

お客さまは当然喜び、さらにＪさんの人間性に惹かれていきます。そして、車を買おうと思い立ったら、まずＪさんに電話で相談します。

Ｊさんが車の宣伝をしなくても「Ｊさんだから買おう」という人たちが、たくさんいるのです。

たとえ今いるステージがどこであれ、営業を始めて何年であれ、誰でも「コンサルティングセールス」のステージに到達することはできます。

1か月でたどり着く人がいれば、10年かかる人もいます。それでも「コンサルティングセールスになりたい！」という気持ちさえあれば、誰でも必ず、このステージに到達することができるのです。

**「与えたのだから、戻ってくるだろう」という見返りを求める気持ちが「お客さま喜んでくれるからやろう」というマインドに切り替わったら、「コンサルティングセールス」の段階に自分が入ったと考えていいでしょう。**

# 7 なぜ「コンサルティングセールス」になると欲しいだけの収入が得られるのか？

「コンサルティングセールス」になれば、得られる収入に限度がなくなります。

なぜ、そうなれるのでしょう？

お客さまの持つ悩みや問題は様々です。

その悩みや問題を解決することで、お客さまが得られる利益も「ギブ＆テイクセールス」に比べると大幅に拡大するからです。

**「特別」を極めて、プロほどの領域に入ると、たくさんの人に大きな喜びを与えることができます。**

「ギブ＆テイクセールス」では、あなたの持つ力で「与えられる」リミットが、収入の限界でした。

でも「コンサルティングセールス」では、悩みや問題を解決した結果、お客さまが得られるものに決まりがありません。

また、お客さまに与えられる喜びにも限界がないのです。

だから、**お客さまに喜んでもらい、豊かになってもらう。その結果として、あなたもどんどん豊かになれるのです。**

「コンサルティングセールス」のステージに到達した営業マンが、次にたどり着くのは、**「ステージ⑤ファンセールス」**、もしくは**「ステージ⑥カリスマセールス」**です。

「ファンセールス」と「カリスマセールス」は、営業のステージとしては同じですが、応援してくれる人の種類が変わると述べました。

ファンセールスの「ファン」が「信者」のようになり、何があってもサポートし続けてくれる場合、「カリスマセールス」になるのです。

8

ステージ⑤ ファンセールス＆ステージ⑥ カリスマセールス

# 自分から営業をする必要がなくなる

たとえば美味しいフレンチレストランのシェフに、ファンがついているとします。

何年か経ち、味が落ちたら「ファン」の場合は離れますが、「信者」の場合は、味が変わっても、友人を連れてきたり、知り合いに紹介したりして、応援し続けてくれます。

「ファンセールス」と「カリスマセールス」の違いには、営業マンの望むライフスタイルも関係しています。

「人と接したい」「多くの人に喜んでもらいたい」と思う人のまわりにはファンが集

まってきます。

一方で「あまり大勢の人に受け入れられなくてもいい」と考え、「注目されたくない」「静かな生活を送りたい」と望む人には、その個性を応援する熱心な「信者」がつくのです。

「ファンセールス」のステージでは、営業マンの考えや生きる姿勢に共感し、ファンとなってくれた人たちが、積極的に商品やサービスを購入してくれます。

**あなたが「いい」というものは、信頼して購入してくれるファンが一定数いるため、自分から営業をする必要がなくなります。**

**そのため、仕事をする必要がほとんどなくなり、好きなことをやりながら、好きな人と時間を過ごせるようになるのです。**

ただ、最初からファンが大勢いる必要はありません。

営業の世界では、「キーマンが3人いれば、トップセールスになれる」という言葉があります。この言葉通り、3人のコアなファンがいれば、応援団としてどんどんあなたのよさを広げてくれます。

私も、現在、たくさんの方を紹介していただいていますが、もとをたどっていくと、本当にわずか数人の人から始まっていることがわかります。

営業以外の仕事で例をあげると、独自の健康法を編み出し、雑誌やテレビなどにも頻繁に登場する医師の南雲吉則先生や、近年、慈善活動などに熱心な医師である高須克弥先生なども、このステージにいるといえます。

日本人の健康、若さ、美しさに力を尽くしている、この2人が「このお茶がいい」などと言えば大勢のファンが買いに走るでしょう。


ただ、自分では「ファンセールス」のステージになったと思っていても、実際は、まだまだ「コンサルティングセールス」のステージだということも少なくありません。

それをどうやって見極めるかというと、「今の立場や肩書きが変わっても、自分についてきてくれるか」を確認するのです。

たとえば「1年間仕事を休みます」と言っても、今のお客さまが変わらず連絡をくれるか？ 「事務所をやめます」と言って独立しても、応援してくれるか？

それでも、引き続き付き合い続けてくれる人がいるのであれば、あなたは間違いなく「ファンセールス」のステージにいるといえるでしょう。


また、ここで1つお伝えしておきたいのは、収入についてです。

「ファンセールス」のステージでは、得られる収入に限界がありません。

でも「カリスマセールス」になると、先にあげた矢沢永吉や長渕剛のように、お金に困らない人もいる代わりに、収入がガクンと減ってしまう場合もあります。

なぜなら「カリスマセールス」の場合、特定の信者だけと交流することが多いため、お金と無縁になっていくからです。

あなたが営業をする目的は何か。そのことを見失わないよう、気をつけましょう。

9

# 「特別」を磨くとたくさんの人を喜ばせることができる

「ファンセールス」と「カリスマセールス」のステージにいる人は、1人だけではなく、たくさんの人を喜ばせています。

この2つのステージは、「コンサルティングセールス」で目の前のお客さまを喜ばせ、問題を解決するために用いていた「特別」を、より一層、共感してくれる多くの人たちに提供します。

わかりやすく言うと、1人の選手に野球を教えていたのが、セミナーを開いて数十人に教えるようなもの。

つまり「コンサルティングセールス」から「ファンセールス」、もしくは「カリスマセールス」にいくときのポイントは、「1人ではなく、もっと多くの人を喜ばせる」ことを考えて実践することです。

たとえば私は、多くの経営者の相談に乗るうちに、「起業直後の若い社長を応援したい」と思うようになってきました。

新しく起業した会社が5年後まで生き残る確率は、5%とも10%とも言われています。創業時の大変な時期を乗り越えて、成功してもらいたいと考えたのです。

そこでまわりの人に、「がんばっている若い社長がいたら、紹介してください」と言うようになりました。

そして売れるように芸能人に使用してもらったり、百貨店に出店させてもらったり、社員教育の研修を紹介したりしているうちに、自然と「コンサルティングセールス」から「ファンセールス」のステージに変化したのです。

もう1つ、例をあげましょう。

あるパン職人の方のお話です。

彼は、美味しいパンを作ることができるという自分の「特別」を活かし、小さなお店でパンを売っていました。お客さまが「こんなパンが食べたい」と言うとそのオーダーに応えて新作を考え出し、そのパンがまたヒットする人気のパン屋さんでした。

しかしあるとき、彼は「〝美味しい〟といって食べてもらうだけでなく、食べる人の〝健康を守る〟パンにしたい」と考え、国産無農薬（減農薬）の小麦や野菜、果物を使うようになり、さらに「このパンの材料を作っている人たちのことをもっと知ってもらいたい」と考え、生産者についてもパンの紹介で触れ始めました。すると一気にファンが増え、売上が伸びたのです。

今では、丁寧にパン作りを行うために週に3日しかお店を開けないのですが、地方からもお客さまが足を運ぶようになり、開店するとすぐに即完売する、大人気店となっています。

**自分の「特別」を自分だけのものにせず、誰にでも分け隔てなく提供することで可能性が広がります。**

**関わる人すべてに「特別」を提供し、たくさんの人を喜ばせていきましょう。**

# 第7章

# 「特別」を極めれば1000万円稼ぐより1億円稼ぐほうが簡単

# 1

# 1億円稼ぎたいなら今日から行動を変える

「どのくらい稼ぎたいの？」

そう私が研修で尋ねると、多くの営業は、「1000万円です」と答えます。さらに、

「いくらでも稼げるとしたら、どう？」

「1億円稼げるとしても、1000万円でいいの？」

と聞くと、ほとんどの方は、「現実的に、1億円はムリじゃないですか……？」と声をひそめて答えます。

もちろん、今のままの営業のやり方、そして生き方の延長で、1億円を稼ぐのは難しいでしょう。

でも、これは極端なたとえ話ですが、

「じゃあ、もし今日、家族が誘拐されて〝1週間以内に売上を10倍にしないと家に返さない〟と言われたらどうする？」

と聞くと、全員が「死にものぐるいでがんばります」と言うのです。

そこで私が、「だったら、そう考えて、今日からやってみたら？」と伝えると、そこでやっと自分たちが変化を恐れていたことに気づきます。

人間の脳は変化を嫌います。

「昨日、無事に生存できたのだから、今日も、明日も同じがいい」と考え、現状を維持しようとするのです。

**でも「今のまま」で、未来だけを変えることはできません。**

「1億円稼ぎたい」のであれば、今日から思考と行動を変えなければならないのです。

本気で「1億円稼ぐ！」と決意し、「1億円稼いだら、○○しよう」「1億円稼いだら、これもしよう！」と思えば、あなたの脳は実現に導いてくれます。そのスピードをグンとアップし、夢の実現をサポートしてくれるのが「特別」なのです。

## 2 「売上さえ上げ続けていればいい」の本当の意味

あなたは想像できますか？

1か月の大半を、自分の好きなことをやって過ごし、収入も思いのままになるという状態を――。

私の現在のライフスタイルが、まさにこれです。

お伝えしたように、私はある大学で野球部の監督をしています。そのため、月に25日はグラウンドで選手たちと過ごしています。

それでも、好きなことをして、欲しいものは我慢することなく手に入れられるだけの収入を得ています。

私は現在、保険の代理店を運営しています。

社員は16人。

「売上さえ上げ続けてくれればいい」と伝えているので、営業の業務があるときは出社する必要はありません。

東京に支店を開設したとき採用した営業マンは、本当にそれでいいのか不安になり、私に何度も電話をかけてきて「会社に行かなくていいんですか？」と聞いてきました。

また、女性社員に、

「今日、午後、皮膚科でシミ取りの予約を入れたので、行ってきてもいいですか？」

と聞かれたとき、私はもちろんＯＫを出しました。

皆、「特別」を使い、自分の能力を活かして成果を出しているので、私が管理する必要がないのです。

私の会社では、社員が「こんなことをやってみたい」と言ったら必ず採用するようにしています。

「マネーセミナーをリッツカールトンホテルで開催したい」

「セミナーに有名人を呼んでみたい」など、提案は何でもOKします。
なぜならこうした1つひとつのアイデアが「特別」になっていくからです。
成功することもあれば、失敗することもありますが、それでいいのです。
**「特別」の種は意外と小さな存在から生まれることもあるのですから。**

3

# 「好きなことをする」のは「遊んでいればいい」とは違う

営業マンの研修をしていると、「ラクしてお金を稼ぎたい」と言う人が少なからずいます。そんな意見を聞くと、私はいつも、「もったいないな」と思うのです。

もちろん、苦手なことを選んで、あえてつらい思いをする必要はありません。

私が提案しているのは、好きなことをしながら、楽しくお金を稼ぐ方法です。

でも、「好きなことをする」のと、「ラクをする」のは違います。

「ラクをする」というのは、「おろそかにする」「面倒くさがって、やるべきことをやらない」ということ。

一方で「特別を極める」の「極める」は、自分なりに〝これ以上はない〟ところまで突き詰めていくこと。

「特別」を極めていくのは楽しいことですが、ただ遊んでいるだけではないのです。

アメリカの心理学者アブラハム・マズローは、人間が、健康で生産的、そしてより幸福になるのは、5段階の欲求を満たすことで実現できると言っています（マズローの欲求5段階）。

この人間の欲求は、次ページの図の通り、5段階のピラミッドのように構成されています。欲求は、低いものから順番に現れ、その欲求がある程度満たされると、より高次の階層の欲求が生まれるとされています。

**1段階** 生理的欲求（生命を維持したい）
**2段階** 安全の欲求（身の安全を守りたい）
**3段階** 所属と愛の欲求（コミュニティに属したい）
**4段階** 承認の欲求（他者から認められたい）
**5段階** 自己実現の欲求（能力を発揮したい）

## マズローの欲求５段階説

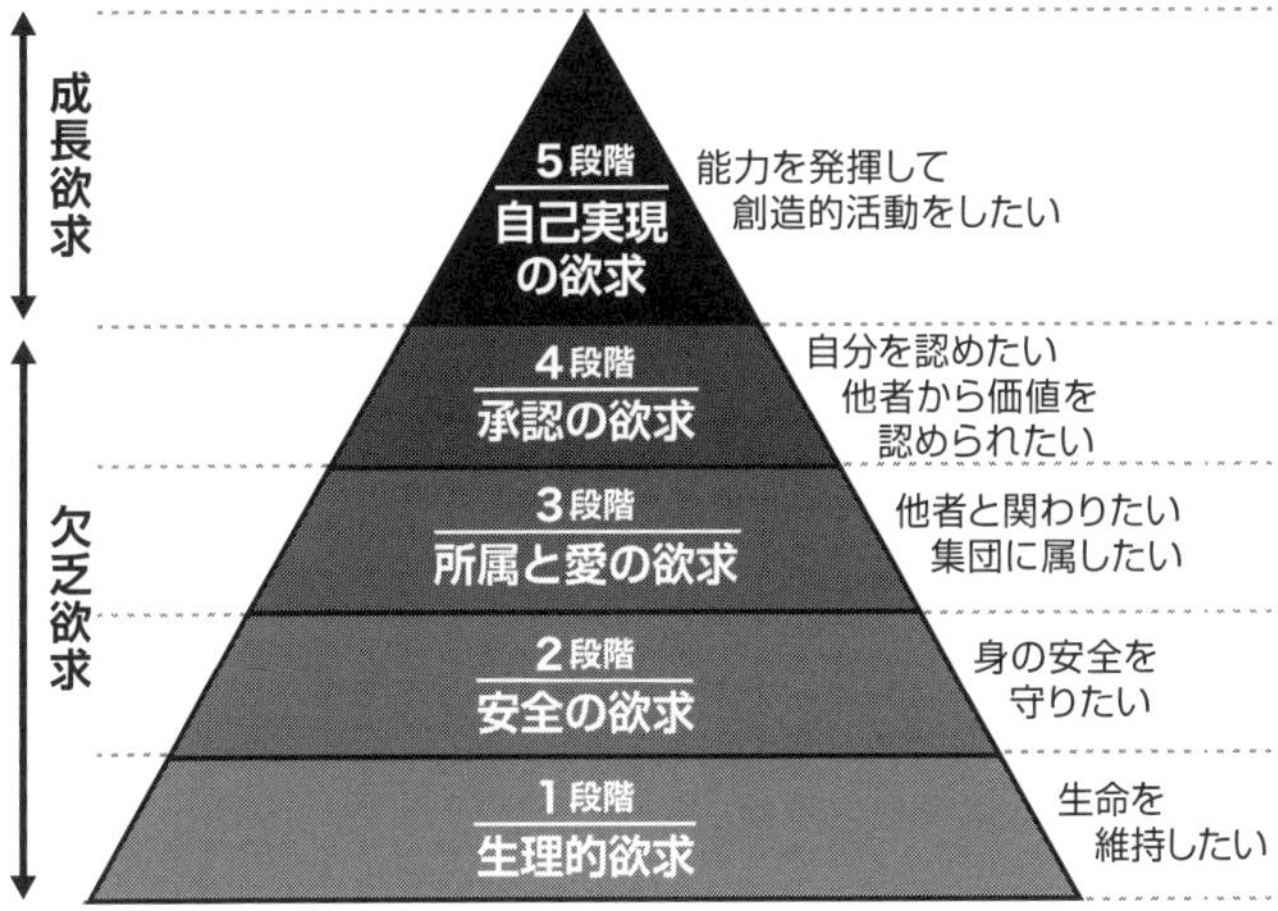

そして、どの階層の欲求に取り組んでいるかと、その人の健康度は比例します。生きることや身の安全を守ることなどはすでに満たされている現代、人が幸せを感じるのは、「人から認められたい」「自分の能力を発揮したい」という高次の欲求が満たされたときです。

私は、この2つの欲求を仕事を通じて満たすことで、人間は最も幸せになれるのではないかと考えています。

仕事をしている人は、寝ている時間、食事をしている時間などを除くと、1日の大半を働いて過ごしています。

そのほかの残された時間で「誰かに認められよう」「自分の能力を発揮しよう」とするよりも、仕事で自分が持つ能力を開花させて、なり得るものになることでお客さまに感謝されたほうが、よほど幸せを感じる時間が長いでしょう。

**つまり「ラクして稼ぎたい」と考え、「面倒くさがってやるべきことをやらずにいる」のは、自分で自分が幸せになるチャンスを逃しているともいえるのです。**

「特別」を極める過程では、昨日よりは今日、今日より明日、そして明日より明後日と、あなた自身が少しずつ進歩していくはずです。

そして人間的に成長する努力が、まったくつらくない。

それが「特別」を使いながら営業ステージを上げていくときのいちばんの特徴であり、だからこそ楽しく仕事ができるのです。

# 4

# 「特別な営業マン」なら どんな時代でも生き抜くことができる

「対面でものを売るなんて時代遅れじゃないですか？」と聞かれることが、最近増えてきました。

これからはＡＩの時代だから、みんなインターネットや人工知能が対応するところで買い物をすませ、人間の営業は不要になるのではないかというのです。

もちろん、機械が販売を代行するケースは、ますます多くなるでしょう。

電車の改札口が、すべて機械に代わったように、銀行窓口の人はいなくなり、コンビニだって自動決済になるでしょう。

でも、厳しい言い方かもしれませんが、機械に仕事を取られる営業は、会う価値がない営業だったということです。

**つまり「特別」がない営業は、どんどん淘汰《とうた》されていくのです。**

「特別」を持っている人は、アナログの世界でしか出会うことができません。存在する価値のある営業マンは、時代がどれだけデジタルに移行しても、常に求められています。

私は、インターネットでものを買う人は、時間や手数料を惜しむ人が多いと考えます。金銭的に余裕がある人たちは、価値ある人とのつながりを求め、より一層、「特別」な人から購入するようになるのではないでしょうか。

つまり、「この人から買いたい」と言われる人であれば、どんな時代でも生き抜くことができるということです。

そして、そんな「特別」を使った営業の仕事は、まわりから憧れられる、ステータスの高い仕事になるはずです。

おわりに

# ホームレスから「特別」で立ち直った男の話

『幸せのちから』という、ウィル・スミス主演の映画があります。

事業に失敗し、ホームレスにまで落ちぶれた実在の男性、クリス・ガードナーが、波乱万丈の人生を生き抜いて成功をつかむ物語です。

実は、この映画で、ウィル・スミス演じる主人公は、本書でお伝えしてきた営業のステージである「パワーセールス」から「ギブ&テイクセールス」にまで進化しながら、どんどん成功を手に入れていきます。

主人公は最初、医療器具の「パワーセールス」をしてうまくいかず、次に、電話帳のリストを下から使い、電話をかけまくる「行動力セールス」に移ります。

その後、証券会社のインターンに応募したとき、機転を利かせて人事課長の「特別」である、ルービックキューブを完成させ、見事に採用されます。

そして、アメリカンフットボール観戦などの「特別」を活かし「ギブ&テイクセールス」になっていくのです。

この映画を見たとき、私は「営業の6ステージは、どこの世界でも共通なのだ」と確信しました。

そして「特別」は、年齢、性別、人種、性格や個性にかかわらず、誰が使っても効果があるものだと自信を持って言えるようになったのです。

お客さまから信頼されず、営業成績が伸び悩み苦しんでいたとき「自分は、本当にこの仕事に向いているのだろうか」と、自分の個性を知る診断やテストにハマったことがあります。

いくつもの診断を受けると、方法によって出てくる個性は違います。

また、それぞれのテストに出てくる性格の種類も様々です。

私は、何年もかけて、たくさんの診断を受け続け、やっと人が持つ「特別」には、性格は関係ないということに気づきました。

そして、「どんな個性でも、営業の仕事に向いていないということはない」という結論に至ったのです。

本書を手に取ってくださったみなさんが、営業という仕事の楽しさや素晴らしさを実感してくださったら、私は最高にうれしいです。


最後に、本書を執筆するに際し、お世話になった方々にこの場を借りて御礼をお伝えさせてください。

前職のメットライフ生命に私をスカウトしてくださった正司恵一さん。

メットライフ生命時代の同僚や先輩、後輩のみなさん。

素人筆者のサポートをしてくださった塩尻朋子さんとあさ出版の皆様。

本当にありがとうございました。

私の現在があるのは、たくさんの人に支えられ、応援していただいたからにほかなりません。

すべての人、すべてのもの、すべてのことに感謝!!

どこかで、あなたの笑顔に出会える日を楽しみにしております。

辻盛英一

※この本の印税の一部をカンボジアの恵まれない孤児が集まる、スンタン孤児院に寄付させていただきます。
本書を購入くださった皆様、本書を通じて孤児を応援していただき、ありがとうございます。

## 著者紹介

### 辻盛英一（つじもり・えいいち）

大阪市立大学経済学部卒業、三井住友銀行を経てアリコジャパンに入社（現メットライフ生命保険）。銀行、保険ともに数々表彰されタイトルを獲得。13年連続、トップの成績を収める。その手腕が注目され、社内外から、営業手法を学びたいと人々が訪ねてくるように。

現在は法人専門の保険代理店、株式会社ライフメトリクスを経営する傍ら営業マン向けの研修を主催。100万円超の営業マン向け研修は、開催を案内するたびに当日で完売。多くの営業マンの成功を手助けしている。

一方で、年間300日はグラウンドで学生を指導していることから、ワークライフバランスの重要性を自ら体現している。

2017年に大阪市立大学の硬式野球部監督として24年ぶりのリーグ優勝に、2023年より大阪学院大学高等学校の野球部監督に就任、翌年に大阪大会優勝に導いたことから注目を浴びる。

その人柄から、著名人、芸能人とも交流がある。

出版プロデュース　株式会社天才工場　吉田浩
執筆協力　塩尻朋子

営業《えいぎょう》は自分《じぶん》の「特別《とくべつ》」を売《う》りなさい　〈検印省略〉

2018年　10　月　23　日　第　1　刷発行
2024年　6　月　6　日　第　5　刷発行

著　者――辻盛　英一（つじもり・えいいち）
発行者――田賀井　弘毅

発行所――株式会社あさ出版
〒171-0022　東京都豊島区南池袋 2-9-9 第一池袋ホワイトビル 6F
電　話　03 (3983) 3225（販売）
　　　　03 (3983) 3227（編集）
F A X　03 (3983) 3226
U R L　http://www.asa21.com/
E-mail　info@asa21.com
印刷・製本　（株）光邦

note　http://note.com/asapublishing/
facebook　http://www.facebook.com/asapublishing
X　http://twitter.com/asapublishing


ISBN978-4-86667-098-0 C2034